JN024771

教科別 びっくり！オモシロ雑学

そうなの!?

# 理科 3

理科オモシロ雑学研究会 編

もくじ

## 地球はふしぎ

## 生き物はなぞだらけ

## 化学・物理はおもしろい

## 偉人? 奇人? 科学者

## 宇宙のなぞ

# 地球(ちきゅう)はふしぎ

Science

# 地球内部の大部分は緑色の石!?

地球の内部は、核・マントル・地殻の大きく3つの層に分かれています。核はうめぼし、マントルはごはん、地殻はのりといった具合におにぎりに見立てるとおぼえやすいですよ。

マントルは、高温の岩石でできていて、地球の体積の80パーセント以上をしめています。マグマのようなどろどろの赤いものを想像する人も多いでしょう。でもマントルは、どろどろでも赤くもないんです。ゆるやかに流れる性質をもった固体で、おもにかんらん岩という岩石でできています。かんらん岩の大部分はかんらん石という黄緑色の透明なキラキラ光る鉱物です。特に透明で色がきれいなものは「ペリドット」という宝石として珍重されています。

地球の内部の想像図では赤やオレンジでえがかれることが多いマントルですが、ほんとうはキラキラした緑色の岩石。古代エジプト人はペリドットを太陽の宝石と呼んでいました。古代の人たちは魔よけの力があると思っていたようですよ。

Science

# 地球上にあるすべての大陸は1つの超大陸になる!?

現在、地球上にはユーラシア（アジア・ヨーロッパ）、オーストラリア、南アメリカ、北アメリカ、アフリカ、南極の6つの大陸があります。地球の長い歴史の中で大陸は集合と分裂を4～5億年周期でくりかえしてきました。現在の大陸は超大陸（パンゲア）が分裂したもので、2～3億年後には、また1つの巨大な超大陸をつくると考えられています。

超大陸のでき方は2通りあります。1つは超大陸が分裂する前からあった海、太平洋が縮んで大陸が集まるパターン。もう1つは分裂するときにできた海、大西洋が縮んで大陸が集まるパターンです。

現在の研究で今度はどちらがおこるかはわかっていません。大西洋が縮んでできる超大陸は「パンゲア・ウルティマ」、太平洋が縮んでできる超大陸は「アメイジア」と名づけられています。アメイジアができると、日本列島はユーラシア大陸とオーストラリア大陸にはさまり、大陸の一部になると考えられています。

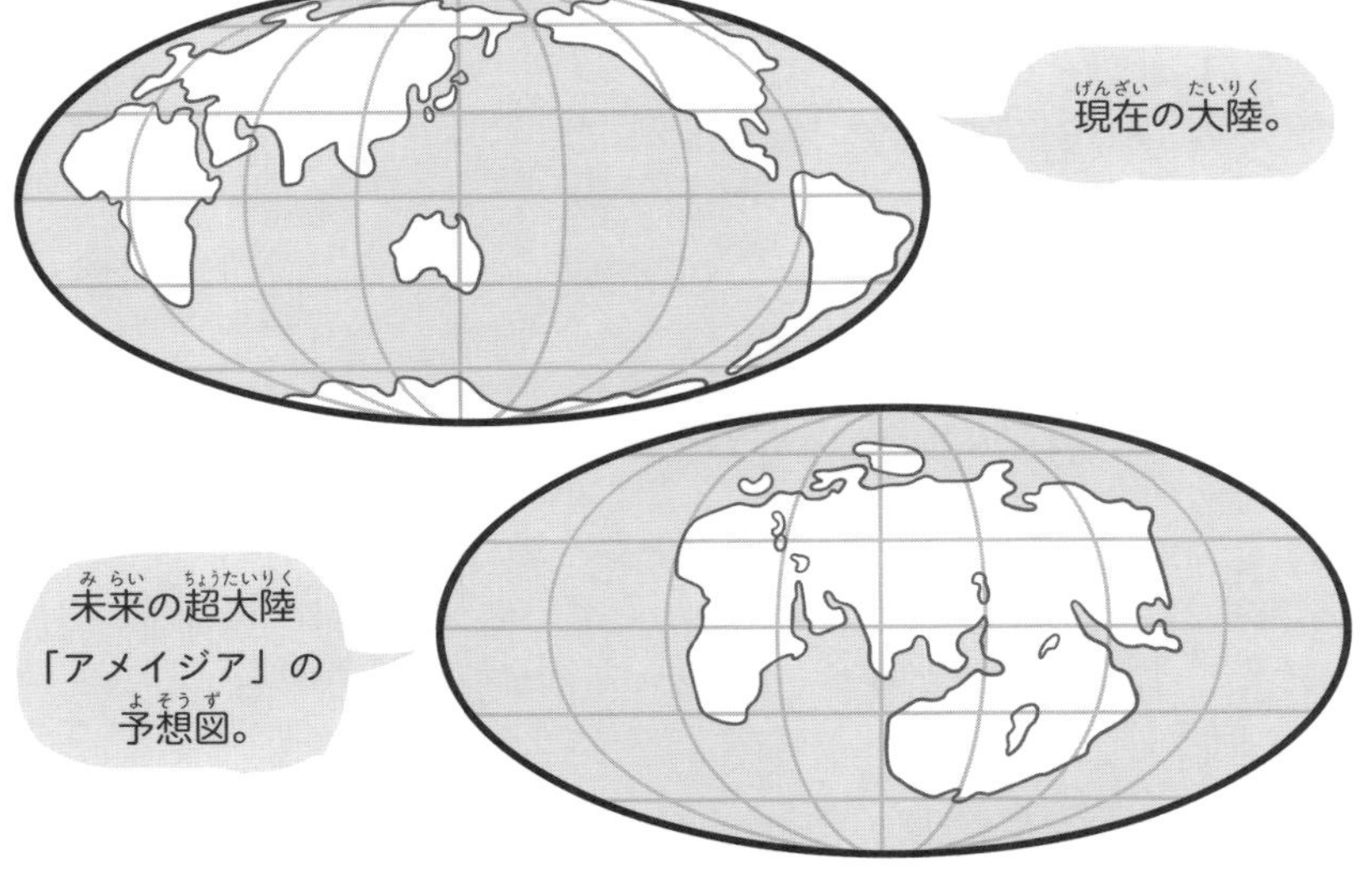

現在の大陸。
未来の超大陸「アメイジア」の予想図。

Science

台風、ハリケーン、サイクロン
これらのちがいは

# 地域での呼び方のちがい

世界の大雨やあらしのニュースで台風、ハリケーン、サイクロンという名前を聞くことがありますが、それらはすべて「熱帯低気圧」です。熱帯低気圧とは赤道に近いあたたかい海の上で発生し、丸い形で小さく、中心に雲のない場所「目」があり、中心近くで風がとても強いという特徴をもつ低気圧のことです。

日本では北太平洋の西側で発生し最大風速が毎秒17・2メートル以上に発達した熱帯低気圧を「台風」と呼んでいます。北アメリカでは、北大西洋と、北太平洋の東側で発※

生した強い熱帯低気圧をハリケーンと呼んでいます。インドやオーストラリアでは、インド洋や南太平洋で発生した強い熱帯低気圧をサイクロンと呼んでいます。台風やハリケーン、サイクロンはそれぞれ場所によって呼び方がちがうだけで、どれも強い熱帯低気圧であることにかわりはありません。

2023年に北太平洋の東側で生まれたハリケーンはそのままずっと西に進んだため台風8号に呼び方がかわりました。

※サイクロン…ふだんの天気予報に出てくる低気圧（温帯低気圧）をふくめた低気圧全体を指す言葉としても使われている。

## 名前の由来

### ハリケーン

発生場所の1つであるカリブ海地域でしんじられていた暴風の神「ウラカン」からといわれる。

### 台風

英語での呼び方タイフーンからといわれる。昔は野分と呼んでいた。百人一首にも出てくる。

### サイクロン

ギリシャ語で「回る」や「渦を巻く」を意味するキュクローンという言葉をもとにインドの大嵐のためにつくられたといわれる。

Science

## 虹を7色に決めたのは

# ニュートン

最初に虹を研究したのは、古代ギリシャの哲学者アリストテレスで紀元前350年のことでした。このときすでに、虹は水滴によって光が屈折したものだと説明しています。そして、わたしたちが知っている虹の色を決めたのはニュートンです。

ニュートンは、太陽の光がプリズム※を通過すると、色が分かれるという実験から、白く見える光がさまざまな色の光からできていることを証明し、虹の色を赤・オレンジ・黄・緑・青・藍・紫の7色としました。

ニュートンが虹を7色としたのは、ドレミファソラシの7つの音階と関連づけて考えたためで、7色に見えたからではありませんでした。実際に太陽の光をプリズムで分けたものをよく見ると、それぞれの色の境ははっきりとせず、もっと多くの色があります。

日本ではニュートンが決めた虹の色の数は定着していますが、国や地域によって虹の色の数はちがいます。

※プリズム…ガラスなどからできた透明な多面体。

| 虹の色の数 | おもな国・地域名 |
| --- | --- |
| 7色 | 日本、韓国、オランダ |
| 6色 | イギリス、アメリカ |
| 5色 | 中国、フランス、ドイツ |
| 4色 | ロシア、東南アジアの諸国、イスラム教の国 |
| 3色 | 台湾、モンゴル |

## 名画、ムンクの「叫び」は

# 火山噴火が影響している!?

１８１５年におきたインドネシアにあるタンボラ山の噴火は、記録が残る中では世界最大の火山噴火といわれています。１８８３年、同じくインドネシアではクラカタウという火山の島が大噴火をおこしました。火山が噴火すると、大量の火山灰とガスが大気中に放出されます。それらは上空から風にのって世界中に広

がり、各地で異様に赤い夕焼けが観測されたそうです。このようすは当時の絵画にも残されています。

イギリスの画家ウィリアム・ターナーは、数多くの夕ぐれの風景画を残しています。それらの絵画の空の色をしらべると、タンボラ山の大噴火の時期に赤みが増していたのです。ノルウェーの画家エドワルド・ムンクの名画「叫び」の赤い空もクラカタウの噴火によって赤くなった空をえがいたのではといわれています。

\ Science /

## 世界最大級の海流は

# 気候を調整している!?

海の表面を流れる海流には周囲の海水と比べてあたたかい「暖流」や、周囲の海水と比べてつめたい「寒流」などがあります。海流は地球全体の温度を調整しています。もし海流がなかったら暑い地域は今よりずっと暑くなって、寒い地域は今よりずっと寒くなります。地球の気候に大きな影響をあたえている代表的な3つの海流をしょうかいしましょう。

1つ目は黒潮。北太平洋の西側、日本の南岸を流れる暖流です。とても速い流れの海流として知られています。

2つ目はメキシコ湾流（ガルフストリーム）。北大西洋の西側、北アメリカの東側を流れる暖流です。黒潮と同じく流れがとても速い海流です。

3つ目は南極周極流です。太平洋・大西洋・インド洋の3大洋をつないで、大洋から大洋へ熱をはこぶ役割があります。流れはおそいですが幅が広く、海面から深海まで厚みのある海流で、流れる海水の量は世界一です。

**メキシコ湾流**
大西洋を北東に進むのでイギリスは北海道よりも北にあるのに温暖な気候だ。

**黒潮**
流れは速いところで毎秒2メートル以上。水泳の100メートル自由形の世界記録と同じくらいの速さ。

**南極周極流**
毎秒1億トン以上の海水を運ぶ。ちなみに流水量日本一の信濃川で毎秒およそ500トン。世界一のアマゾン川でも20万トンだ。

Science

## 世界最大の砂漠は
# サハラ砂漠じゃない!?

砂漠と聞いて思い浮かべるのは、熱く照りつける太陽とラクダがいる砂の砂漠ではないでしょうか。まさにあのサハラ砂漠ですよね。しかし、世界最大の砂漠は実は南極大陸なんです。砂漠の定義は「1年間の降水量（雨だけではなく雪やき

お住まいはどちら？
わたくしはアフリカにある
サハラ砂漠ですの。

りなどをふくむ）が、200ミリメートル以下の非常に乾燥している場所のこと」とされています。南極大陸の1年間の降水量はおよそ166ミリメートルで、大陸の真ん中あたりでは50ミリメートルくらいしかありません。内陸を中心にほぼ南極大陸全体が砂漠の条件を満たしています。

この定義で考えると2位が北極、3位がサハラ砂漠になります。ただし、一般的には寒冷な気候の南極や北極は砂漠にふくめないことが多いので注意は必要です。

ぼくがいるのは南極大陸！
白い砂漠とも呼ばれているよ。
世界でいちばん寒いところさ。

Science

## 美しい砂浜の中には

# 歩くと音が出る砂浜がある！

歩くとキュッと音が出る砂は「鳴き砂」※と呼ばれます。0・25～0・5ミリメートルの石英（かたいガラスのような透明または半透明な鉱物）を多くふくむ砂で、力をくわえると動かずに持ちこたえようとします。しかし限界を超えるといっせいに動きだし、そのときにたくさんの石英をふくむ砂どうしがこすれ合う摩擦で音が出ると考えられています。鳴き砂はよごれると音がしなくなるため環境のバロメーターといわれています。

鳴き砂で有名な島根県の琴ヶ浜には、鳴き砂の伝説があります。戦いにやぶれた平家の姫がこの地に流れつき、村人に助けられました。姫は、一度は浜で琴をひくほど元気になりましたが、病気で亡くなってしまいます。そのときから浜の砂が鳴くようになったというものです。

伝説が残されるほど美しい琴ヶ浜は、環境が守られ、貴重な鳴き砂が維持されている場所として2017（平成29）年に国の天然記念物に指定されました。

※鳴き砂…鳴り砂とも呼ばれている。

琴ヶ浜。

Science

## 地図でしめされる海と陸の境は

# 満潮のときの海岸線

海と陸の境のことを海岸線といいます。海はいつも波があり、潮の満ち引きによって、海と陸の境の位置はかわりますね。日本地図でしめされている海岸線は、海面が潮の満ち引きでいちばん高くなった満潮のときの「最高水面」です。最高水面というのは、もうこれ以上海水が上がってこないであろうと考えられる海面のことです。日本の基礎となる地図は国土地理院によって作成されています。

一方、日本の領域を決める基準となる線は、領海の「基線」といいます。領海の基線は海の憲法とも呼ばれる「国連海洋法条約」にしたがって日本の法律で決められていて、海面が潮の満ち引きでいちばん低くなった干潮のときの「最低水面」としています。この領海の基線から、その外側200海里（約370キロメートル）を排他的経済水域といい、日本が漁業や資源開発といった活動を自由におこなうことができる水域です。

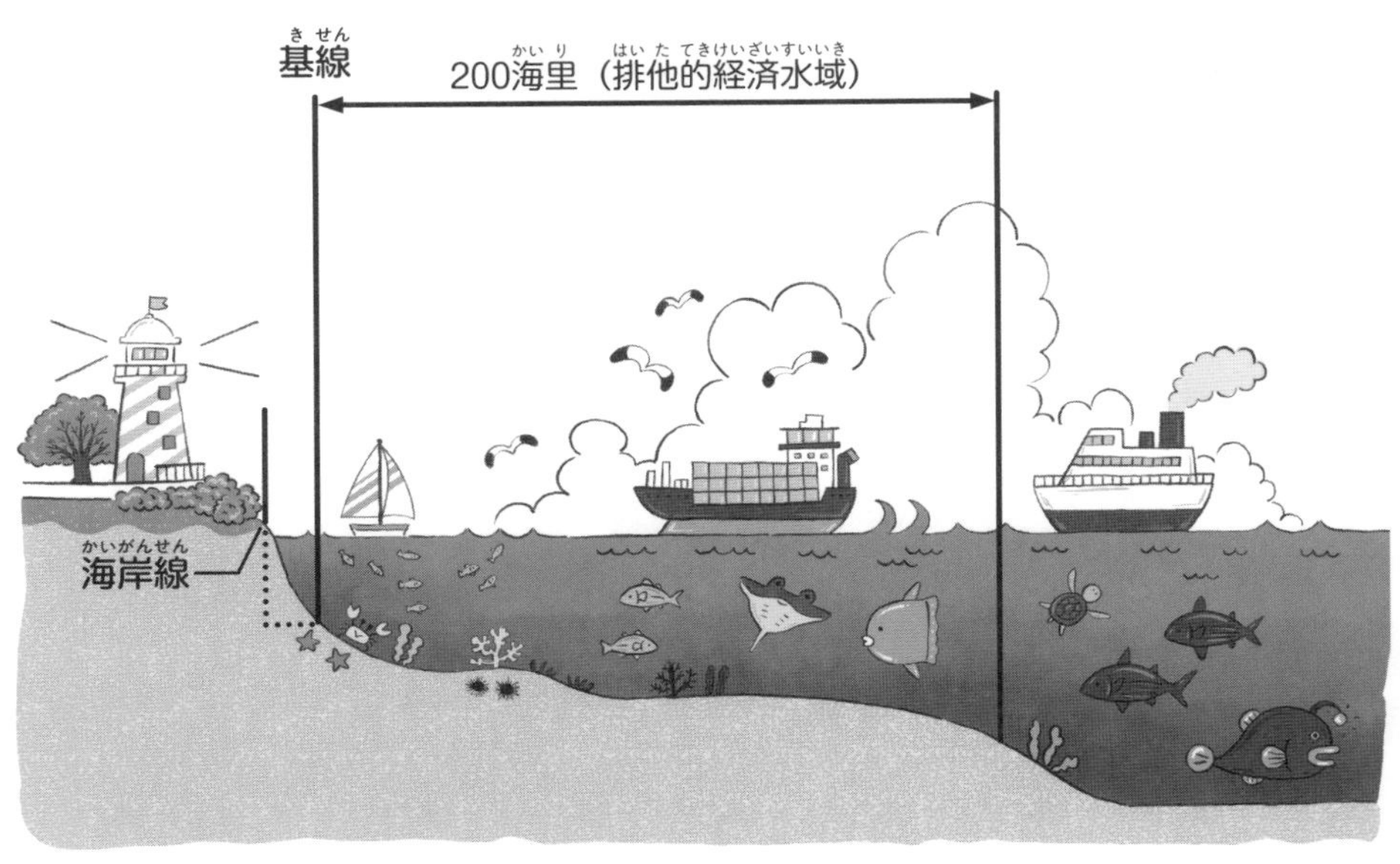

# フランス革命の一因は エルニーニョ現象

　エルニーニョ現象は、熱帯太平洋でみられる気候変動現象の1つで、世界中の天候に大きな影響をおよぼします。いつも雨がふっているところにまったく雨がふらなくなったり、ふだん乾燥している場所に大雨がふって洪水がおきたりするため、ニュースで見かけることも多いでしょう。自然災害に備えがある現代でも大きな被害が出るのですから、昔はもっと大変な影響があったようです。

　過去の気候は、残っている航海の記録や、探検家や宣教師の日記などをつなぎ合わせて研究されます。それによると1789～1793年にとても大きなエルニーニョ現象が西ヨーロッパに発生し、冬はきびしい寒さが、夏は干ばつがおそったそうです。異常気象は農業に大きく影響し、フランスの平民たちは飢餓に苦しみました。このことが王政とそれをささえる貴族などの特権階級をたおそうという市民革命「フランス革命」がおきる原因の1つになったと考えられています。

わたしは「パンがなければおかしを
食べれば」なんて言ってないわ！

Science

## 空からふってきたのは
# カエル、イグアナ、そして血の雨!?

空からふってくるものといえば、雨や雪、ひどいゲリラ豪雨のときにひょうがふったりもします。でも世界ではもっとへんてこなものがふってきたという記録が残っています。そのうち3つをしょうかいします。

1つ目はカエル。カエルが空からふってきたという話は、古代ギリシャの哲学者が書物に残すなど、昔からたくさん報

告されています。水面で発生した竜巻にすいこまれたのが原因のようです。

2つ目はイグアナ。2018年の冬に記録的な寒さにみまわれたアメリカのフロリダ州では、寒さで体の機能が停止したイグアナが高い木からボタボタと落ちてきました。

3つ目は血の雨。スペインのサモラ市周辺で2014年の年末に血のような赤い雨がふりました。緑色の藻類※の一種が雨雲に巻きこまれ、そのストレスで赤い色素をつくり出したためでした。

※藻類…藻類とはおもに水中にすむ光合成をおこなう植物のような生物のことをいう。赤い雨は、ヘマトコッカスという名前の淡水にすむ、とても小さな藻類が蓄積したアスタキサンチンという赤い色素。

## 氷河時代を生きのびた
# 周期ゼミ

北アメリカには13年や17年の周期でいっせいに羽化する「周期ゼミ」と呼ばれるセミがいます。周期的に大発生するのには理由があります。

同時に羽化すると、その数の多さから天敵が食べきれないので、生存率が高くなります。交尾の相手もみつけやすいため、多くの子孫を残せます。同じ周期の親どうしの子は、親と同じ周期でいっせいに羽化します。しかし周期のちがうセミの子は、羽化の周期がくるい、いっしょに羽化する仲間は減ってしまいます。周期の13年と17年は、ちがう周期のセミと羽化の年が重なりにくい数なので、同じ周期のセミと出会えます。そのためいっしょに羽化する仲間が減らなかったのです。周期ゼミは周期的に羽化することで子孫を多く残し、地球が氷でおおわれた氷河時代を生きのびることができたと考えられています。そして今もこの周期でいっせいに羽化しているのです。

周期ゼミの周期のなぞをといたのは日本の生物学者、吉村仁教授です。

周期ゼミの羽化までの年数が長いのは、寒さで成長がおそくなったためだと考えられています。

# 生き物（いきもの）は なぞだらけ

## 猛毒ナンバーワン生物は
# マウイイワスナギンチャク

世界一強い毒をもっている生物は、マウイイワスナギンチャク。その毒の強さは青酸カリの10万倍といわれています。

マウイイワスナギンチャクは、サンゴの仲間でスナギンチャクという生き物の一種です。小さなイソギンチャクがたくさん集まったような見た目をしています。ハワ

イのいくつかの島とパプアニューギニアのあさい海にすんでいて、毒の成分が人間の体内に入るとはげしい筋肉の痛みやまひをおこして、症状が重い場合は死んでしまいます。

第2位は、オーストラリアウンバチクラゲ。毒の強さは青酸カリの1万倍です。インド洋やオーストラリア北部のあたたかい海にすむクラゲで、人間がさされると、はげしい痛みでショック状態になっておぼれたり、心臓まひで死んでしまったりすることがあるそうです。

第3位はズグロモリモズ。毒の強さは青酸カリの5000倍です。世界で初めて毒をもっていることが確認された鳥です。インドネシアやパプアニューギニアの森にすんでいます。1枚の羽にふれるだけでけいれんをおこすほどの毒をもっています。

最も古い生物の証拠は

# 35億年前のストロマトライトの化石

最も古い生物の証拠は、35億年前の地層からみつかったストロマトライトの化石です。1980年に西オーストラリアで発見されました。

ストロマトライトというのは、シアノバクテリアという原始的な微生物の死がいと、水中の砂などが層になった縞模様のある岩石です。微生物は光合成のため昼活動し、活動しない夜は水中にただよう砂におおわれます。昼になるとまた砂の上に出て光合成をして成長するのです。これがくりかえされ何層にもつみかさなって大きくなります。生きている微生物は上の層に、そして下の層には死んだ微生物や砂などがあり、それらが固まって、いずれ岩石になります。この化石がみつかった西オーストラリアには、今でも微生物がつくりつづけるストロマトライトを見ることができる海岸や湖があります。

微生物によって大きくなりつづけている海岸のストロマトライト。

\ Science /

## 過去と現在 大きな動物ナンバーワンは

# シロナガスクジラとパタゴティタン

シロナガスクジラは体長23〜27メートル、体重はおよそ160トン。現在生きている中で最大の動物です。体長が34メートルにもなるシロナガスクジラの記録も残っています。

シロナガスクジラは、ヒゲクジラの仲間で、上あごにブラシのような歯のかわりのものがついています。大きな体ですが、オキアミなど小さなエビに似た生物をそのブラシを使って食べます。子どもを産む冬にはあたたかい海へ、えさをたくさん食べる夏はえさの豊富な南極や北極へ長い距離を移動します。

化石に残る大きな動物では、2014年にアルゼンチンのパタゴニアで発掘されたパタゴティタンがいます。首と尾が長い草食恐竜で、全長はおよそ37メートル、体重は70トンほどあったと考えられています。現時点では地球の歴史上いちばん大きな動物といえるでしょう。

## 人間と大きさ比べ

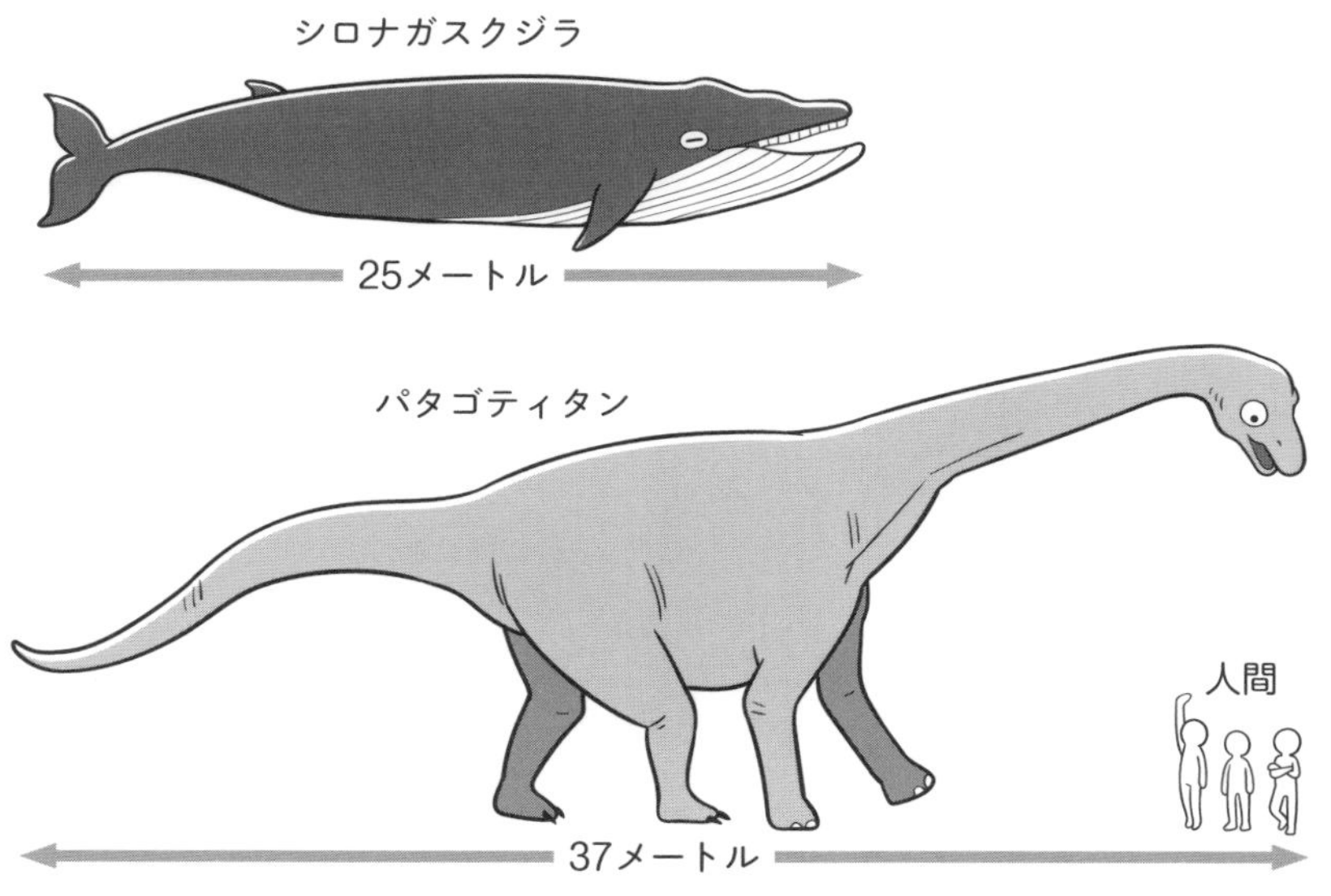

\ Science /

大きさナンバーワンの花は2つ！どちらもとっても

# 残念なにおい……

世界一大きいといわれる花の1つはラフレシア・アルノルディイ。直径1メートルほどで、中には1.5メートルにもなるものがあります。おもな生育地はインドネシアのスマトラ島やボルネオ島です。

もう1つはショクダイオオコンニャク。生育地はスマトラ島です。直径1.5メートルほどで、高さは3メートルにもなります。

大きさだけでいえば、世界一はショクダイオオコンニャクですが、1つの花であるラフレシア・アルノルディイに対し、ショクダイオオコンニャクは小さな花がたくさん集まって1つの花のように見える花。だから、どちらも世界一です。

さて、この2つの花には共通点がいくつもあります。温暖で雨の多いかぎられた地域に生育すること、開花期間はたった数日であること、さくのは数年に1度きりということ。そして、肉のくさったような強烈なにおいがするということです。

めずらしくて、せっかくの大きな花なのに、どちらもくさった肉のにおいとは残念ですね。

Science

## 長寿ナンバーワンは

# 不老不死のベニクラゲ

世界でいちばん寿命の長い生物は不老不死といわれるベニクラゲです。世界中のあたたかい海に生息していて、体長は4～10ミリメートルの小さなクラゲです。日本には少なくとも3種のベニクラゲが確認されています。

ベニクラゲが不老不死といわれる理由は、体がまるごと若がえるからです。クラゲの仲間だけでなく生物全体でもみられない能力です。

クラゲはいろいろなすがたに変化しながら大人のクラゲに成長します。成長過程の中には「ポリプ」という、岩などにくっついてくらす若い時期があります。ふつうのクラゲはポリプから大人になって子孫を残すと死んでしまいます。

しかしベニクラゲはけがをしたり老化が進んだりすると、死なずにポリプにもどって、人生ならぬクラゲ生をやり直すことができるんです。しかも1回だけでなく何回でも！　だれかに食べられてしまわないかぎりやり直せるなんて少しうらやましいですね。

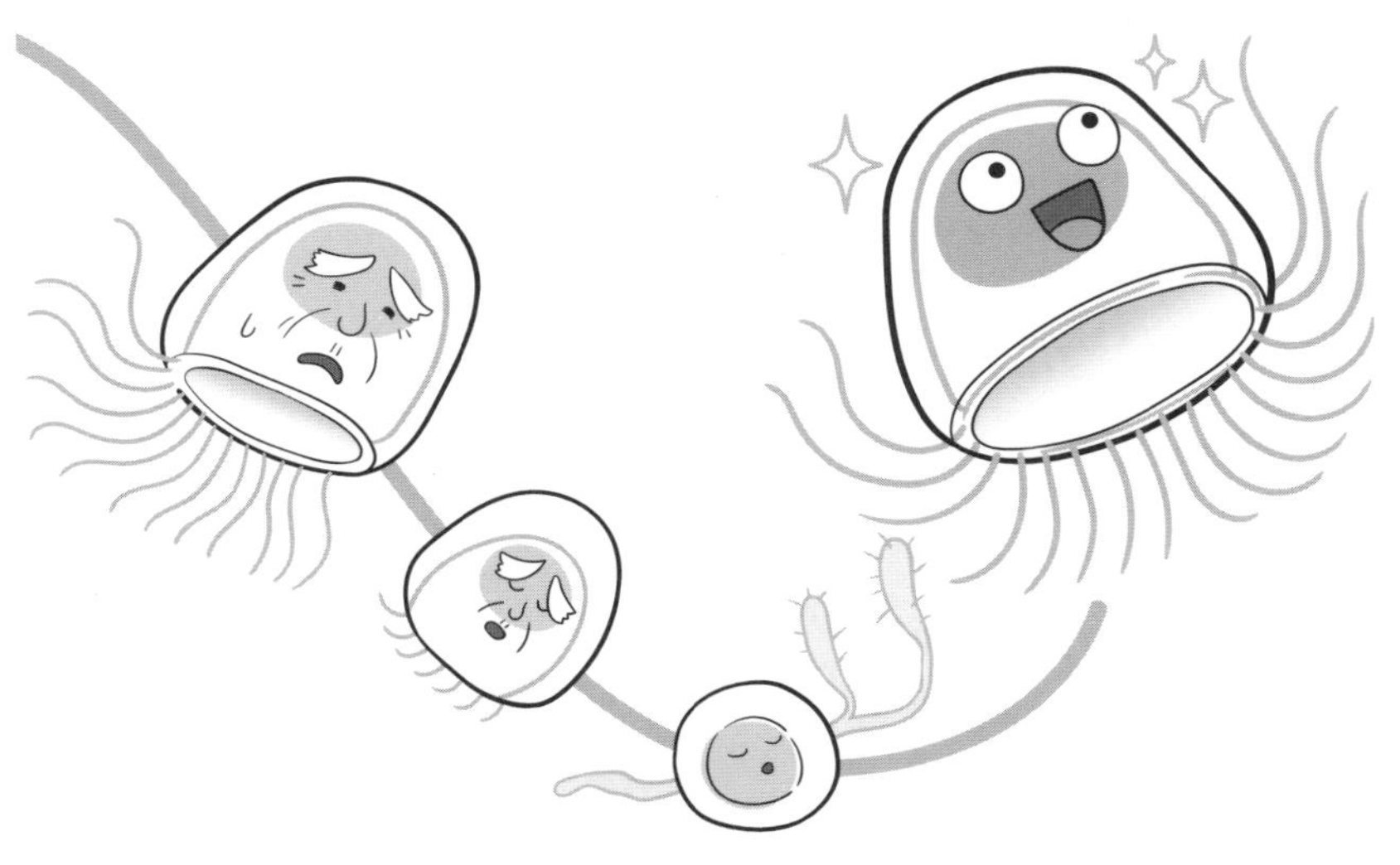

Science

## 赤ちゃんがおなかの中にいる期間ナンバーワンは

# 陸上最大の動物アフリカゾウ

お乳で子どもを育てる哺乳類のほとんどは、卵ではなく、母親のおなかの中で育ってから産まれます。この期間を妊娠期間といい、その長さは種類によってさまざまで、いちばん長いのはアフリカゾウです。アフリカゾウの妊娠期間は平均650日で、産むのは1度に1頭です。陸上動物の中でいちばん大きく、寿命は60～70年ほどと長寿です。

その次に長いのは海にすむ哺乳類のマッコウクジラとシャチで、どちらも500日ほどです。子は生まれてすぐに泳ぎ始めます。

母親のおなかの袋の中で子が育つカンガルーなどの有袋類も哺乳類の1つです。妊娠期間が短く、この仲間のクマドリスミントプシスは約11日、オポッサムは約12日という短さです。

また、カモノハシやハリモグラといった原始的な哺乳類は卵を産みます。カモノハシは受精してから21日後に、ハリモグラは23～27日後に卵を産みます。どちらの卵も約10日で孵化します。

## おもな哺乳類のおおよその妊娠期間と寿命

| 動物名 | 妊娠期間（日） | 寿命（年） |
|---|---|---|
| アフリカゾウ | 650 | 70 |
| マッコウクジラ | 500 | 70 |
| シャチ | 500 | 30 |
| キリン | 460 | 25 |
| ウシ | 280 | 20 |
| ゴリラ | 250 | 50 |
| イノシシ | 115 | 10 |
| ライオン | 110 | 15 |
| カンガルー | 40 | 15 |
| ウサギ | 28 | 11 |
| ハリモグラ | 27 | 40 |
| カモノハシ | 21 | 20 |
| オポッサム | 12 | 4 |
| クマドリスミントプシス | 11 | 不明 |

妊娠期間が長く1度に産む子どもの数が少ないほど寿命が長い傾向がある。

生物の情報が入っている染色体
数の多さナンバーワンは

# シダの仲間とチョウの仲間

子どもが親に似るのは、親の特徴が子どもに伝えられるからです。伝えられる情報（遺伝子）はDNAという細長いひものようなものの中にそなわっています。染色体はDNAをたたんでまとめたもので、人や動物は種類によって決まった数の染色体をもっています。

染色体の数がいちばん多い植物は、ナンゴクハナヤスリというシダの仲間で720〜1260本の染色体をもっています。

動物でいちばん多いのはアトラスブルーというチョウの

448〜452本です。シジミチョウの仲間です。わたしたち人間の染色体の数は46本で、これらよりずっと少ないです。染色体の数は生物の複雑さに必ずしも関係しないようですね。

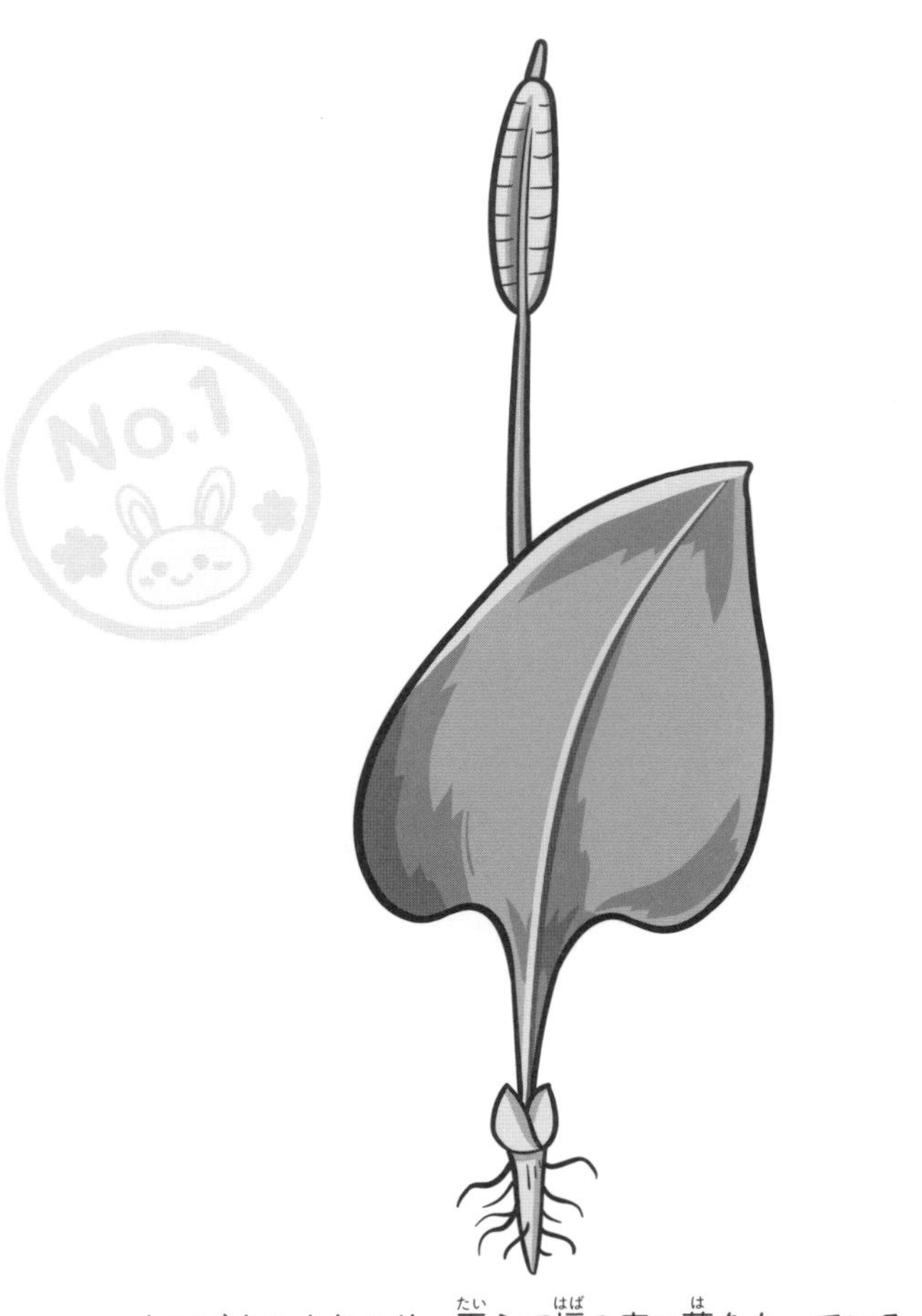


ナンゴクハナヤスリ。平らで幅の広い葉をもっている。

Science

## 大きな植物ナンバーワンは海草の

# ポシドニア・オーストラリス

世界でいちばん大きな植物はポシドニア・オーストラリスという海草で、世界遺産に登録されているオーストラリア西部にあるシャーク湾でみつかりました。シャーク湾にどれだけの種類の生物がいるか、遺伝子をしらべる研究で偶然わかりました。

ポシドニア・オーストラリスは「海草」です。コンブやワカメといった「海藻」とはちがい、海草は花をさかせ種をつくる植物です。

シャーク湾に200平方キロメートルにわたって草原の

ように広がるポシドニア・オーストラリスは地中にあるくきから芽を出して広がった1つの植物です。4500年前のたった1つの種が環境に適応しながらこの大きな面積に成長したそうです。

同じ種類の植物がたくさん生えているように見えていたこの草原のような場所は、実はまるごと1つの世界最大の植物だったのです。

北海道にある利尻島と同じくらいの大きさ。

Science

# 高い木、ナンバーワンは日本一の大仏よりも高い!?

現存する世界でいちばん高い木は、「ハイペリオン」と名づけられた木です。アメリカのカリフォルニア州にある世界遺産、レッドウッド国立公園内にそびえ立ちます。

ハイペリオンはセコイアという種類の木で、幹の色が赤っぽい、1年を通して緑の葉がある針葉樹です。2006年に発見されました。

高さは115・92メートル。なんと背の高い仏像日本一の牛久大仏よりも高いんです。樹齢は推定600～800年。高いだけではなく地球上で生きているものの中でとても長生きしている木です。

ハイペリオンの正確な場所は保護のため秘密にされてきました。ところが世界一の木を一目見ようと多くの人がおとずれ、ごみが増えるなど、木の生育環境が悪くなったため、周辺への立ち入りが禁止されました。2022年からは近づいた人に罰金が科されています。

最も大きな脳をもつ動物ナンバーワンは

# マッコウクジラとツパイ

みなさんは頭のよさと脳の大きさは比例すると思いますか？　答えはNOです。

脳の大きさだけでいうとナンバーワンは「マッコウクジラ」。マッコウクジラの脳の重さは約9キログラムあります。人間の脳は平均1・3キログラムなので約7倍の重さです。マッコウクジラの大きな頭部には脳のほかに4トンもの脳油という油がつまっています。マッコウクジラは脳油を海水や自分の体温で固めたり、とかしたりすることで、頭の重さをかえ、浮かんだり、しずんだりしています。

体の大きさに対する脳の大きさでは「ツパイ」がナンバーワンです。ツパイは東南アジアの森にすむ体長15センチメートルほどのリスに似た小さな動物です。中でもハネオツパイはアルコール（自然発酵した花の蜜）を日常的にとることでも知られています。アルコールは脳をまひさせ、はたらきをにぶくします。これがよっぱらった状態です。しかしハネオツパイはアルコールの代謝能力が高く人間のようによっぱらうことはないそうです。

ハネオツパイ

マッコウクジラ

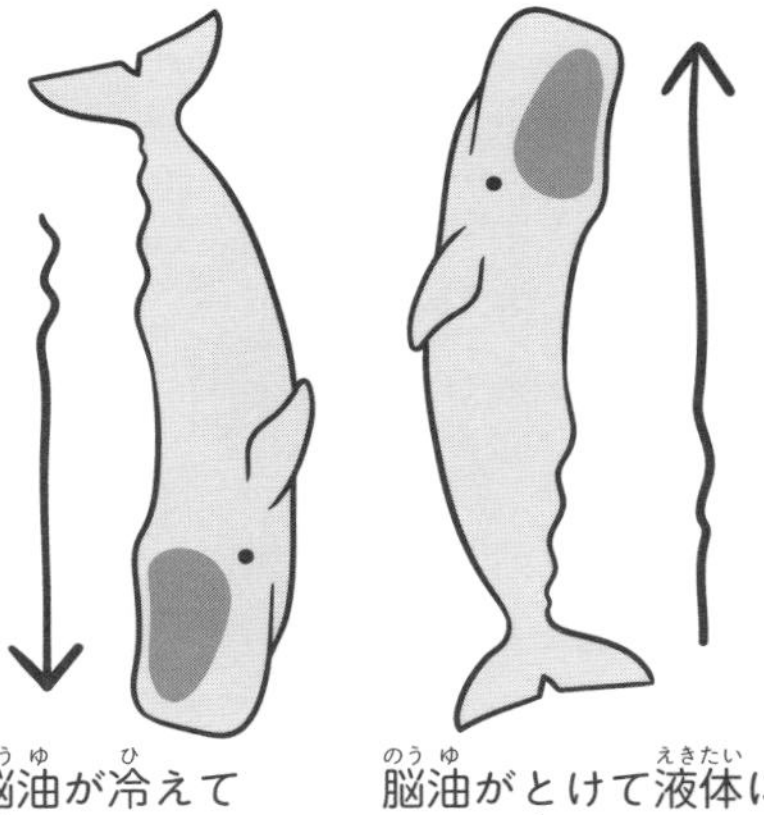

脳油がとけて液体になると浮かぶ。

脳油が冷えて固まるとしずむ。

Science

山火事のあと最初に生えるのは

# 生物を呼びもどす火の雑草

山火事のあとや伐採のあとに生えてくる、「ヤナギラン」という植物があります。寒い地域でみられ、日本では北海道や東北などに分布します。

今、世界中で気候変動の影響によると思われる大規模な山火事が増えています。度々山火事がおきている北アメリカにある世界遺産「ウォーウォータートン・グレーシャー国際平和自然公園」ではヤナギランの小さなうす紫の花が一面にさいているのがみられました。火事のあと、真っ先に生えてくることから、英名ではファイヤーウィード（火の雑草）と呼ばれています。山火事で木が焼かれ、日当たりがよくなった土地や、養分をふくむ灰が、この植物の生長に適しているためです。

ヤナギランはシカがこのんで食べ、花にはミツバチなどがやってきます。何もなくなった土地にまた生物を呼びもどし、生態系を回復させるすごい植物といえますね。

ヤナギランは冬には葉がかれて分解されるため、近くで山火事がおきても燃え広がらない。伝統的なハーブとしてお茶やぬり薬としても使われている。

Science

人間をいちばん殺していない生物は
サメでもクマでもない

# 小さなカ・

人の命をうばう世界で最も危険な生物は、サメでもクマでもなく小さなカです。おもに熱帯や亜熱帯の病原体をもっているカにさされることで病気になり死んでしまうことがあります。その病気の1つ、マラリアでは1年間に60万人前後の人の命をうばっています。そのほかにウエストナイル熱やデング熱など、全体で1年間に70万人以上もの人がカにさされて亡くなっているのです。

日本ではカよりもハチにさされて亡くなる人が上回っています。死因の大半はアナフィラキシーショック※によるものです。毎年10人以上が犠牲になっています。

最近は、地球温暖化の影響で暑い地域のカが日本でみつかるようになってきています。また、海外で病原体をもつカにさされた人の血を日本のカがすって、国内で病気を広めてしまうこともあります。これからは日本でもカによる被害が増えるかもしれません。

※アナフィラキシーショック…たとえば、1度ハチにさされたあと、ハチの毒に対する抗体がつくられ、またハチにさされたときに抗体がアレルギー反応をおこすこと。

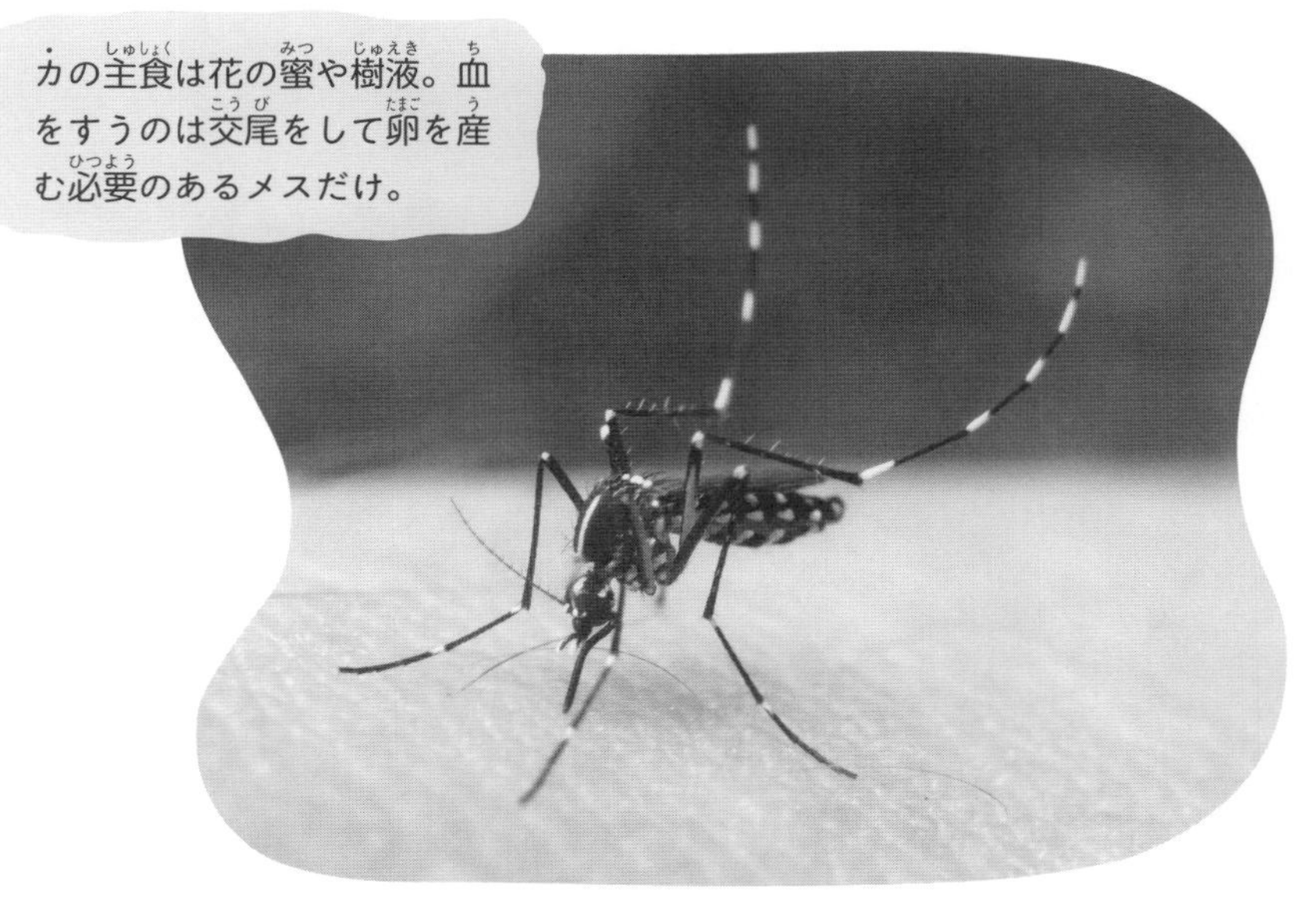

・カの主食は花の蜜や樹液。血をすうのは交尾をして卵を産む必要のあるメスだけ。

生き物のふしぎな巣は

# 板みたいな巣・おしりの巣・まちみたいな巣もある!?

北オーストラリアの磁石シロアリは、平べったい板のような形の巣（蟻塚）をつくります。南北に向いた面の幅をせまくすることで日光が当たる面積を小さくしています。この地域のきびしい夏をしのぎ、巣の中の温度を快適にするためだと考えられています。

世界中のあたたかい海にすむカクレウオという細長い魚は、なんとナマコやヒトデのおしりの中（腸）を巣にします。昼間は腸の中で大きな魚に食べられないように身を守り、夜になるとえさをとるために出てきます。

夏は暑く冬は寒い北アメリカの平原にすむプレーリードッグは、温度の変化が少ない地下にまちのように大きな巣をつくり群れで生活します。巣穴の出入り口の形は平らなものと煙突のようにとがったものがあり、平らな穴から煙突のようにとがらせた穴へ向かって常に新鮮な空気が流れる仕組みになっています。

形や場所がふしぎな巣。生きるための工夫や意味があるんですね。

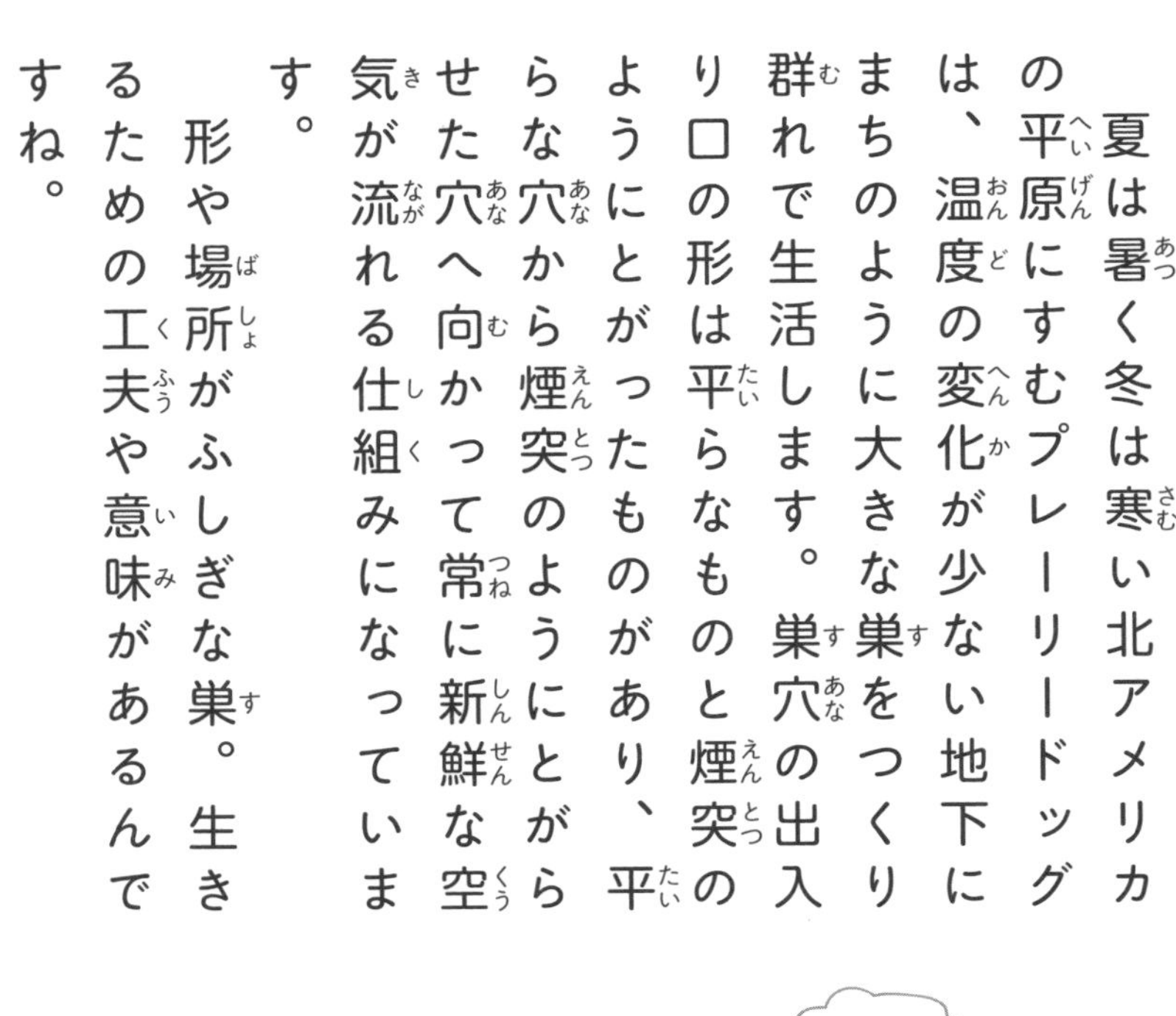

蟻塚の形を見れば方位が判断できることから磁石シロアリ（Magnetic Termite）と呼ばれている。

Science

## 海の中には生きた
# 目玉焼きやお寿司がいる!?

地球にはおもしろい見た目の生物がたくさんいますね。わたしたちになじみのある食べ物、目玉焼きやお寿司にそっくりな生物もいます。

地中海でよくみられるクラゲ「コティロリーザツベルクラータ」は、目玉焼きクラゲとも呼ばれ、見た目はまるで黄身に白身の膜がはった目玉焼き。かさの中央部分がふくらんでいて黄色っぽく、まわりが白いのでそのように見えます。弱いですが毒がありますが、見かけによりませんね。

深海にすむ「ホソウオノシラミ」はグソクムシの仲間

で、見た目がエビのお寿司にそっくり。グソクムシ科はDNAの情報が少なく、未知の生物です。飼育記録も少ないので採取されても飼育がむずかしいそうです。

しょうかいした2つの生物は、たまたま人にとっておいしそうな見た目ですが、わざと食べ物に擬態する生物もいます。例えばハナカマキリは、花に擬態することで蜜をもとめてやってくる虫をパクッと食べちゃうんですよ。

Science

# 鼻をつままれたら 馬は死んでしまう!?

わたしたちは鼻で息をします。もし鼻をつままれても口で息ができますね。でも馬はそうはいきません。人間のように口で息をすることができないからです。馬はのどのまわりの構造が人間とはちがっていて、すいこんだ空気を肺まで送る空気の通り道（気道）が鼻としかつながらないような仕組みになっているからです。

そのかわり、気道が広く空気をスムーズに肺に送れます。サラブレッドという品種の馬は肺活量が人の10倍以上あります。運動に必要な酸素をたくさん取りこめるので、とても速く走ることができます。

　馬の最も古い先祖はヒラコテリウム（別名エオヒップス）で、今からおよそ5000万年前に生きていました。キツネほどの大きさだったそうです。かくれる場所のない草原で天敵から身を守るため、速く走ることができるよう進化をつづけて今にいたります。

　馬のように速く走れたら気持ちがよさそうですね。

馬はより深くねむるために１日何回かに分けて、すいみんをとる。
合計して平均２時間半くらい横になってねむる。

## 甘エビは最初はオス

# 5歳の秋からみんなメスになる

ある生物の性別が一生のあいだに変化することを性転換といいます。性転換がみられる生物は陸上にはほとんどおらず、海の魚類やエビ類などに多くみられます。

寿司ネタでおなじみの「甘エビ」も性転換します。甘エビは和名で「ホッコクアカエビ」といいます。日本海やオホーツク海、北海道の太平洋岸などの水深1000メートルくらいまでの水温0～5℃の冷たい海にすんでいます。

2～4歳でオスとして大人になり、そのあと5歳の秋ごろに性転換してメスになります。オスからメスに性転換するのは、たくさんの卵を産むために大きな体が有利だからではないかと考えられています。

甘エビとして流通しているエビの中には北大西洋でとれた「ノーザンシュリンプ」もあります。こちらはだいたい2歳半で大人のオスになって、3歳半でメスになります。

甘エビは性転換直前のオスの身がプリプリしていちばんおいしいといわれています。

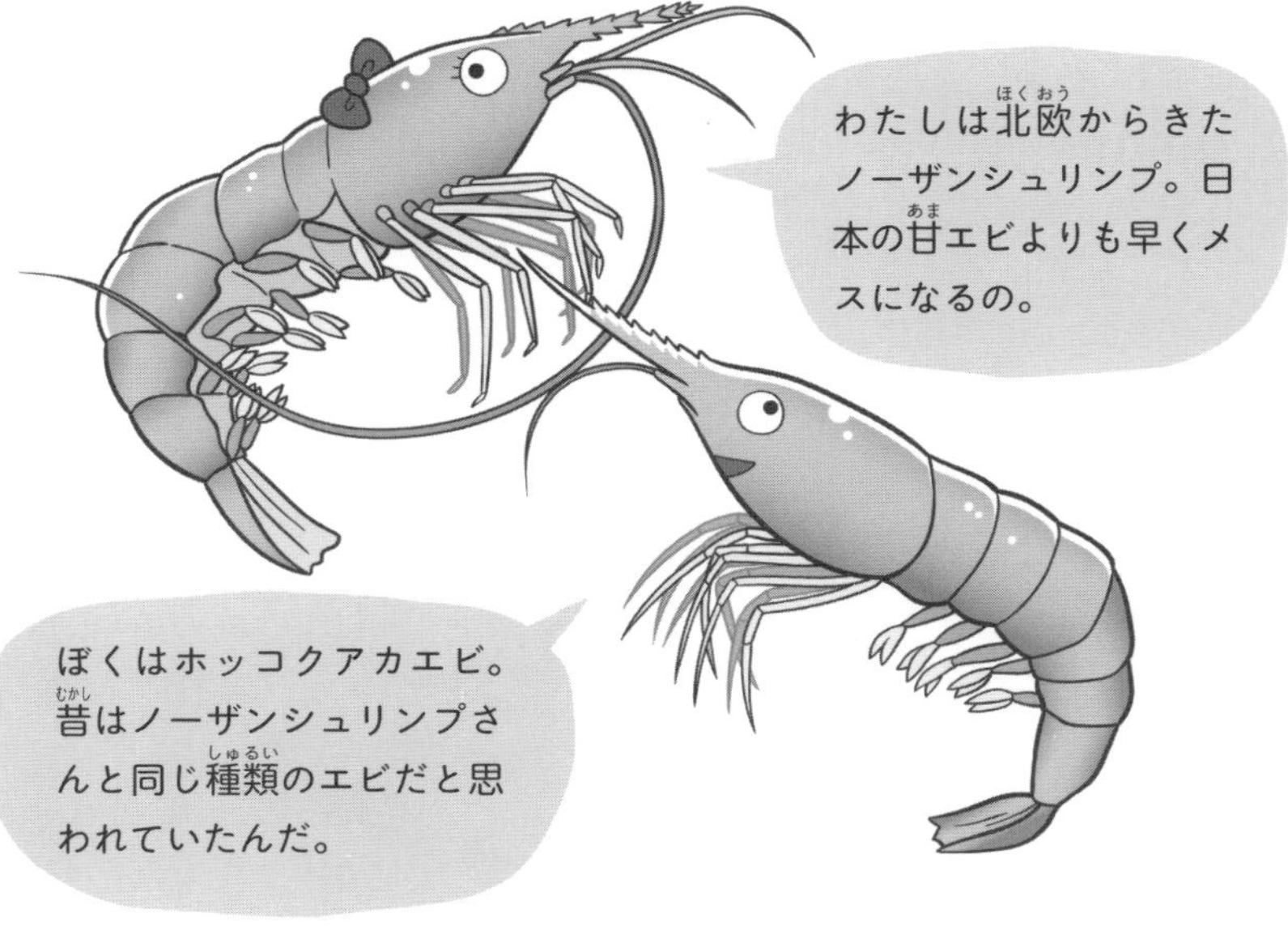

Science

## 冬眠中のカメは
# おしりで呼吸する!?

ほとんどの生物は生きていくために呼吸によって酸素を体の中に取り入れます。カメはわたしたちと同じように肺で空気中の酸素を取り入れていますが、ほかにも呼吸する方法があります。

冬、寒くなると水辺にすむカメの多くは水中の、岩のあいだや落ち葉がたまっているところ、自然にできた横穴などでかくれてすごします。このときの呼吸は肺呼吸ではありません。

カメは食道（口から胃につながる体の部分）やおしりの穴の奥にある袋状の器官から水中の酸素を吸収することができるのです。カメのおしりの穴は総排出腔といって、ふんやおしっこ、卵などの出口が1つになったものです。外の温度によって体温が変化する変温動物なので、寒くなると体の機能がゆっくりになります。そのためあまりたくさんの酸素を必要としないので、食道やおしりの呼吸だけでも生命を維持できるようです。

# 生き物クイズ

## 1

イラストの虫の名前は
1～3のどれ？

1. ロクロクビオトシブミ
2. クレーンオトシブミ
3. キリンオトシブミ

## 2

ほんとうにある
ゴリラの学名は
1～3のどれ？

1. ゴーゴーゴリラ
2. ラゴリラゴリラ
3. ゴリラゴリラゴリラ

## 3

赤ちゃん時代、自分専用
のおっぱいがある動物を
すべてえらぼう！

1. ブタ
2. ネコ
3. ウマ

## 4

体の一部がとれる
生き物を1～3の中から
すべてえらぼう！

1. タコ
2. トカゲ
3. リス

答えは127ページ

# 化学・物理は おもしろい

Science

## 酸性・アルカリ性の身近な物ナンバーワンは
# 車のバッテリー液と排水口の洗剤

　酸性とアルカリ性は物質を水にとかしたときの性質です。この性質はピーエイチ（pH）という単位の数値で表されます。ピーエイチは0〜14までの数値で、7が中性でこれより小さいと酸性、大きいとアルカリ性になります。

　数値の小さい酸性の液体1位は、自動車のバッテリー液です。ピーエイチは0・5です。エンジンルームにある四角い箱の中に入っている液体で、金属を腐食（酸化）させたり、皮ふにつくとやけどのような炎症をおこしたりするおそれがあります。

数値の大きいアルカリ性の液体1位は、排水口洗剤です。ピーエイチは13～14です。アルカリ性は油や髪の毛などタンパク質をとかし、強いと皮ふをとかして指紋を消すほどです。アルカリ性の液体は、アルミをとかし水素を発生させるので、アルミ性容器への入れかえは絶対にしてはいけません。アルミ性容器のふたが閉まっていると水素ガスが容器の中にたまり破裂することもあり危険です。

## 身の回りの物のpHチェック

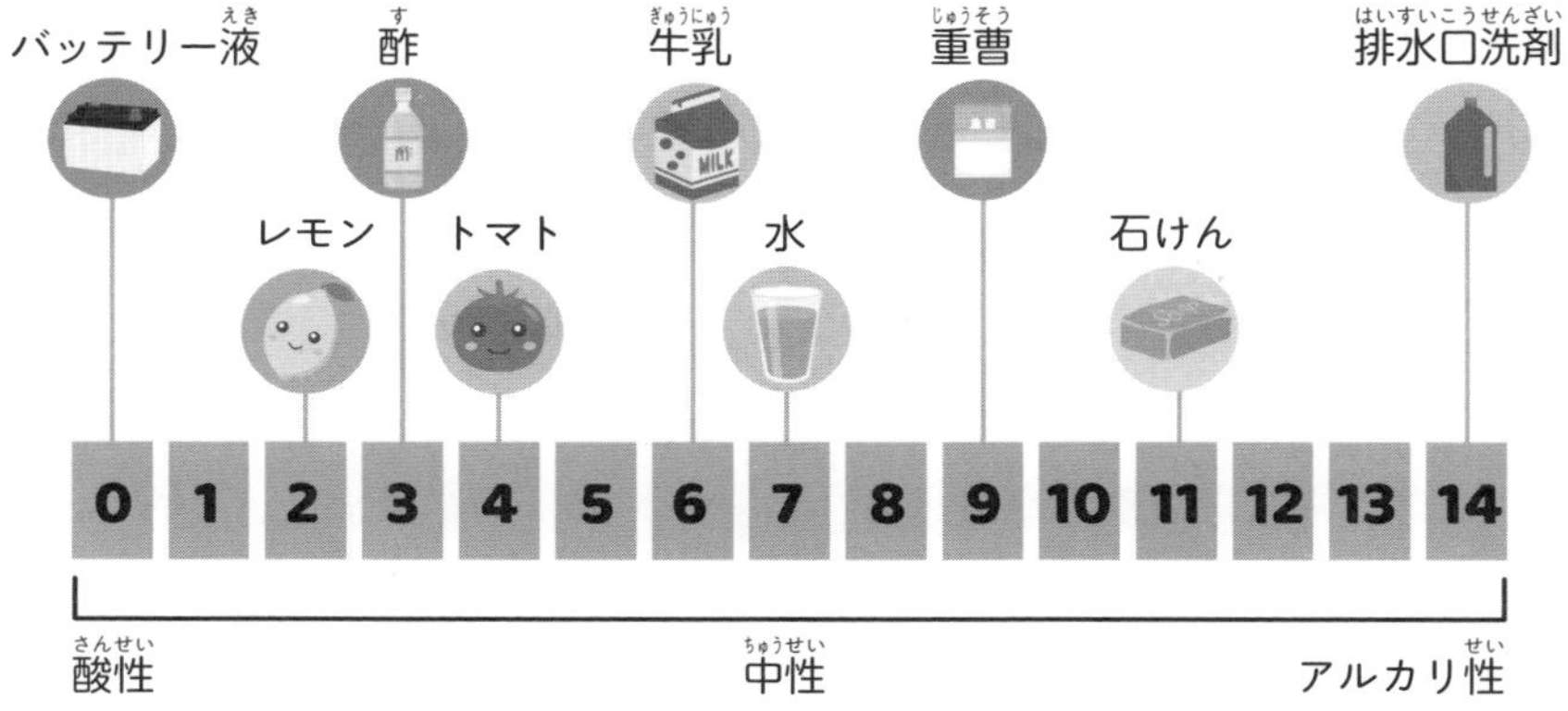

Science

# オリンピックの金メダルよりノーベル賞のメダルのほうが金の量が多い

オリンピックのメダルは100パーセント金・銀・銅でつくられてはいません。金属の純度は規則などをしめしたオリンピック憲章で決められています。金メダルは、純度92・5パーセント以上の銀製メダルの表面に、6グラム以上の金をメッキしたもの。銀メダルは、純度92・5パーセント以上の銀。銅メダルについては特に決められていません。

一方、ノーベル賞のメダルは、純度75パーセントの金です。

金はさびることがない金属で、ふつうの酸やアルカリでとけることもありません。最もうすくのばすことができる変形しやすい金属です。

銀は熱と電気が最も伝わりやすい金属で、光をいちばん反射させる金属でもあります。

銅は銀に次いで熱と電気をよく伝えます。今から1万年ほど前に、人類がはじめて使った金属といわれ、生活の中でも身近な金属です。

融点（76ページ）は、いずれも1000℃前後で加工しやすいことも特徴です。こうした性質や美しさなどから、それぞれメダルに合った加工をされるのですね。

金メダルは強度が必要。だからほかの金属とコラボするのよ。

じゃあどうしてノーベル賞のほうが純度が高いの？

受賞する人数のちがいかもよ？　だってわたしたちのお値段、お高いじゃな〜い。

……銅は安いけど抗菌性のある金属なんだぞ！

## さびやすい金属・さびにくい金属ナンバーワンは

# 電池とアクセサリーの金属

さびやすい金属ナンバーワンはリチウム。銀白色でやわらかく、最も軽い金属です。さびは金属の表面が水や酸素と反応することで発生します。あまりよいイメージがありませんが、水や酸素と反応しやすいということは、自分から※電子を出しやすい性質だということでもあります。そこで、その性質はリチウム電池などに利用され、電池の材料として使われています。

さびにくい金属のナンバーワンといえるのは、金です。ほかの物質と反応しにくい金属です。とれる量が少ないため価格が高く、アクセサリーなどに使われます。最も身近なさびにくい金属はステンレスです。なべやスプーン、フォークなどに使われていますが、鉄にクロムというさびにくい金属をとかし混ぜてつくった合金です。合金はさびにくい金属をつくる方法の1つです。

金属は性質をそのまま利用したり、強みをいかして弱いところをおぎなう加工をしたりして使われています。

※電子…物質をつくっている小さな粒子の1つ。電子が移動することで電気が流れる。

リチウムは銀白色の金属。さびないように水や酸素から遮断するパラフィン油などの保護液の中で保管される。

Science

## 最も身近な化学反応は

# キッチンの中でおきている

化学反応というと、思い浮かぶのは理科室での実験ではないですか？　実は化学反応はふだんの生活の中でもおきています。生活に欠かせないキッチンの中の化学反応を3つしょうかいしましょう。

1つ目は発酵。微生物がおこなう化学反応によって材料を変化させます。みそやしょうゆ、ヨーグルトなどは発酵によってつくられます。

２つ目はメイラード反応。加熱されることなどによっておこる化学反応で、ステーキを焼いたときなどに表面が茶色になって、いいにおいがしてくるのはこの化学反応のおかげです。

３つ目は中和反応。パンケーキミックスの中には酸性（酒石酸やリン酸など）のものとアルカリ性（重曹）のものがふくまれています。水を入れると中和反応という化学反応がおきて二酸化炭素が発生し、生地がふくらみます。

何気なく口にするものがこんなにいろいろな化学反応によっておいしくなっているなんておもしろいですね。

Science

## 沸点と融点のナンバーワンの物質は

# タングステンとヘリウム

沸点は液体が沸騰し始めるときの温度です。融点は固体がとけ始めるときの温度です。新しい物質がたくさん合成されているので、ここでは自然にある1種類の元素でできた物質の中でのナンバーワンをしょうかいします。

※沸点と融点がいちばん高いのはタングステンという金属です。沸点は5660℃、融点は3410℃です。熱に強いので白熱電球や電子レンジなどの部品の材料として使われています。

沸点と融点がいちばん低いのはヘリウムという物質です。沸点はマイナス269℃、融点はマイナス272℃です。

す。低い温度でも液体でいられる性質は、とても低い温度でないとできない研究などに利用されています。

ちなみにわたしたちがくらしている環境の中では液体にならないという物質もあります。それは炭素。炭素は3642℃になると固体から液体にならずに気体になります。このような場合の温度は昇華点といいます。

※沸点と融点…沸点、融点ともことなる実験値があり、レニウムがいちばん高い数値をしめすものもある。

ヘリウムは空気より軽いので身近なところでは気球や風船などを浮かせるのにも使われている。

世界一かたいといわれるダイヤモンドは炭素でできているので、長時間高温にさらされると気体になり、形がなくなってしまう。

地下の熱水は、温泉や
地熱発電のエネルギー
源として利用されている。

は100℃よりも低い温度で沸騰します。富士山（約3776メートル）では88℃ほど、それより高いエベレスト（約8849メートル）ではなんと70℃ほどで沸騰するんです。

逆に地下の熱水（地球内部の熱によって温められた地下水）は、周囲の岩盤による圧力がかかっているため、100℃を超えていても沸騰しないことがあります。水圧（水の押す力）がかかる深い海の中でも、100℃よりも高い温度にならないと水は沸騰しません。水深100メートルで180℃、1000メートルでは312℃になってやっと沸騰します。

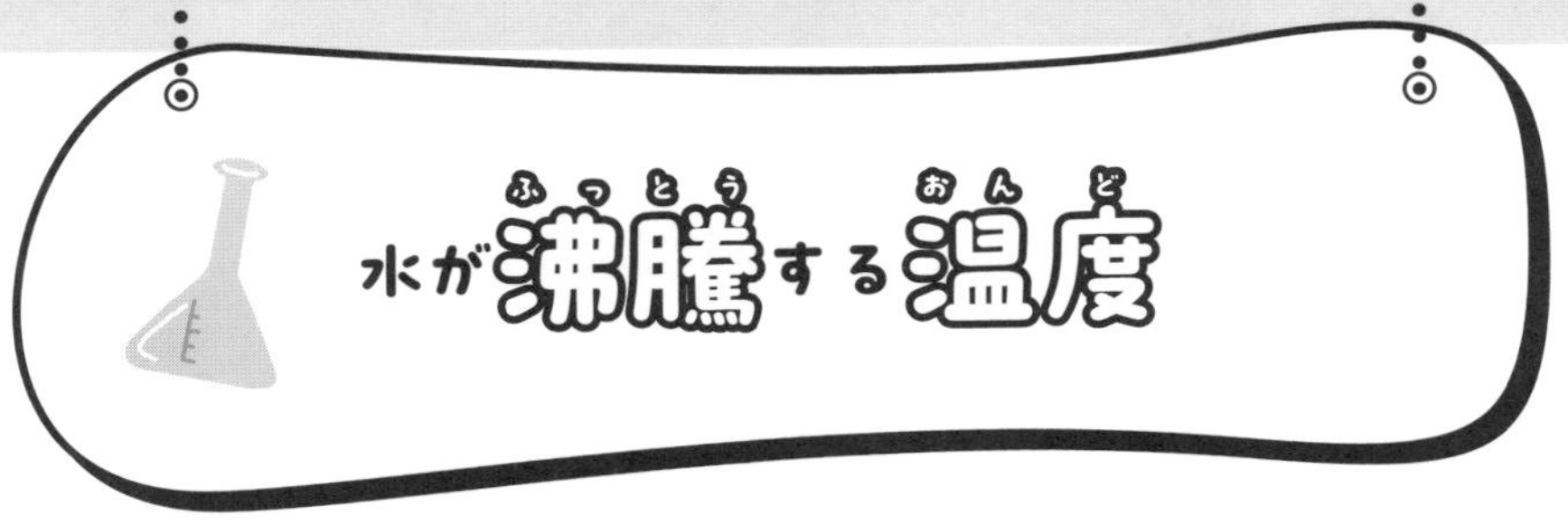

# 水が沸騰する温度

水は温めつづけると沸騰します。沸騰すると水は表面だけでなく、内部からも気体の水蒸気にかわるので、ブクブクと泡が見えます。沸騰する温度（沸点）は通常約100℃です。ところが100℃より低い温度で沸騰したり、100℃より高くならないと沸騰しなかったりすることがあります。

水の沸点は周囲の圧力（押す力）でかわります。圧力が小さいと沸点は100℃より低くなり、大きいと沸点は高くなります。水が水蒸気になって自由に飛びまわろうとするのを、圧力が押さえつけるためです。

地上では大気の圧力（1気圧）が水にかかっています。そのとき水は、約100℃で沸騰します。高い山の上では大気の圧力が小さいので、水

## ねばり気のある物質ナンバーワンは

# 地球の中にある

物質にどれだけのねばり気があるかをしめす数値が粘度です。粘度の単位はパスカル秒（Pa・s）といいます。粘度の高いものにはマヨネーズやはちみつがあります。これらはさわるとベタベタしてねばり気のあることがわかりますね。直接確認することはできませんが、地球の中には何よりもねばり気のあるマントル（8ページ）があります。マントルの粘度は約$10^{21}$（10を21回かけ算した数）パスカル秒という大きさです。高温ですがとけているわけではなく、変形するように動きます。地球の中心部の熱で温められて上昇し、地表の近くで冷えて下降するという運動をしていて、1年に数センチメートルととてもゆっくりと動いていると考えられています。

ちなみに直接確認できる最もねばり気のある物質はピッチという樹脂の1種。粘度は2・3億パスカル秒です。マントルやピッチほど粘度が高くなると、ベタベタというより、カチカチといった感じで、わたしたちが思うねばり気のある物質のイメージとはほど遠いもののようです。

## 身近な物の粘度

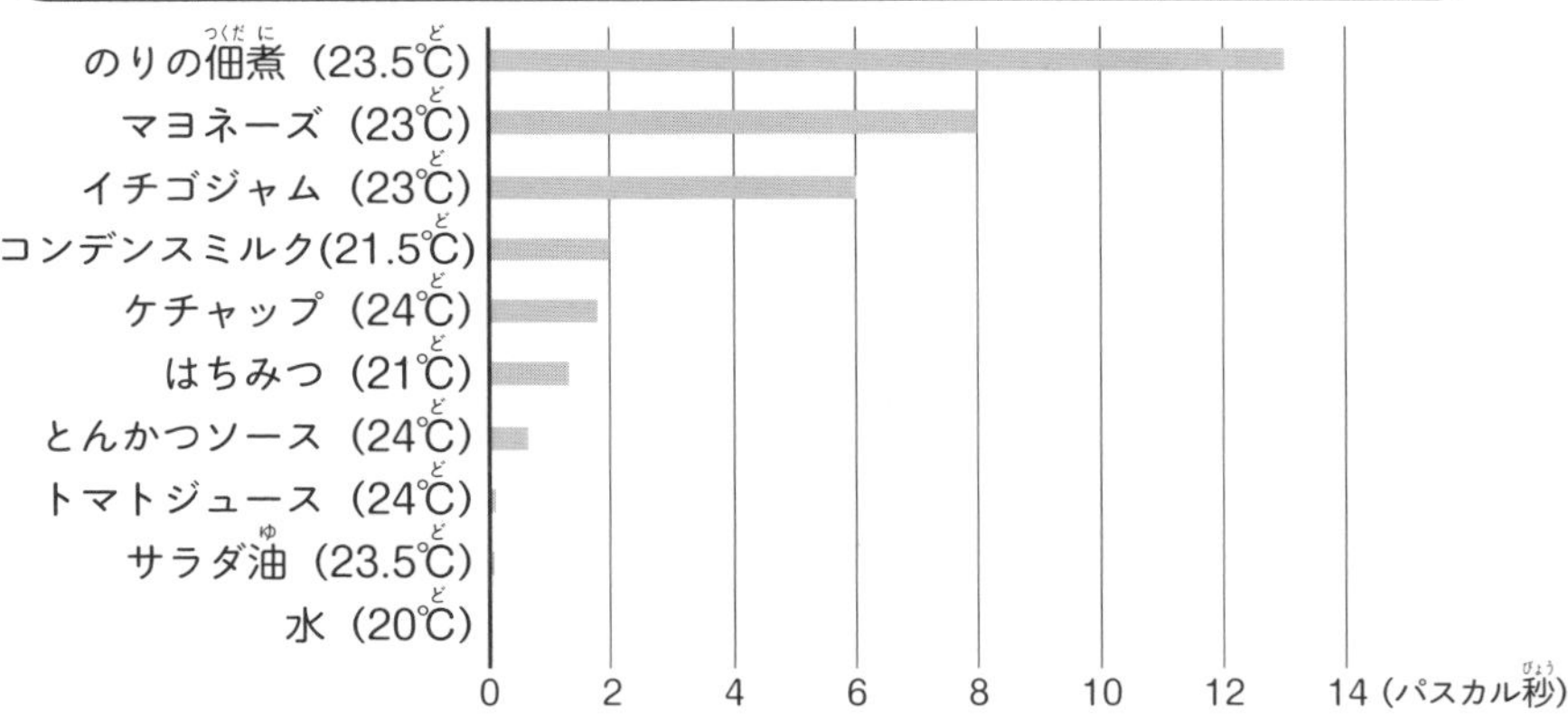

（　）内は測定時の室内温度。粘度は温度で変化する。

出典：粘度一覧表（テムコファイン）

## 時間がかかる実験ナンバーワンは

# 約1世紀たっても終わらない実験

世界一時間のかかる実験は、「ピッチドロップ実験」です。オーストラリアのクイーンズランド大学で1927年に始まり、今もまだつづいている実験です。この実験は、ろうとに入れた「ピッチ」と呼ばれる樹脂の1種が何年もかかってしずくをつくり、それが落下するようすを観察するものです。

ピッチはハンマーでたたかないと割れないほどかたい物質ですが、固体ではなく非常に粘度が高い、ねばり気の強い液体なのです。そのことを学生にしめすためにクイーンズランド大学のパーネル教授が実験を始めました。

１９４８年に教授が亡くなったあとも受けつがれ、実験は現在もつづけられています。

２００５年に当時の実験管理者だったメインストーン教授と故パーネル教授が、この実験の功績で「人々をわらわせ、そして考えさせる業績」に対しておくられるイグノーベル賞を受賞しました。実験はインターネットを通じライブカメラで見ることができます。

Science

# こげつきにくいフライパンは
# 軍事機密だった！

フッ素樹脂（ポリテトラフルオロエチレンなど）はアメリカのデュポン社のプランケット博士が失敗した実験で偶然発見した化学物質です。腐食性のある薬品や紫外線、熱に強いこと、燃えにくいこと、電気を通さないこと、摩擦が小さく物が引っつきにくいことなど数多くの特徴があります。便利な性質をたくさんもっているため軍に採用されました。

発見されたのは第2次世界大戦直前の1938年です。爆弾をつくるときに発生する危険なガスにもたえられる材料として、製造装置の内側やつなぎ目を保護するために使われました。

1945年、戦争が終わると一般に利用できるようになり、熱や薬品に強く、物が引っつきにくいという性質を利用して「こげつきにくいフライパン」として売られ大ヒットしたのです。

化学物質は使い方次第でおそろしい物にも便利な物にもなるのですね。

## 強力な磁石ナンバーワンは

# 日本で発明されたネオジム磁石

世界最強の磁石であるネオジム磁石は、1982年に佐川眞人博士によって発明され、1983年から生産が始まると世界中で使われるようになりました。

ネオジム磁石はレアアースの1種のネオジムと鉄、ホウ素をおもな原料とする磁石です。より一般的な磁石であるフェライト磁石のおよそ10倍の磁力をもっています。佐川博士によると、1グラムのネオジム磁石で1キログラムの鉄を持ち上げることができるそうです。

ネオジム磁石はいろいろなものに使われています。お知らせを振動で教えるスマートフォンの機能は、ネオジム磁石を使ったモーターによるものです。地球の環境を守るための技術にも活用されていて、電気自動車のモーターや風力発電の発電機の部品としても利用されています。

佐川博士は、世界最高性能の磁石を開発し、省エネに貢献したとして2012年、科学者にとって最も名誉ある賞の1つである日本国際賞を受賞しています。

Science

## 正確な時計ナンバーワンは

# 300億年に1秒しかくるわない

光格子時計は東京大学の香取秀俊教授が2001年に理論を発表し、2014年に目標とする精度につくり上げた時計です。これまでいちばん正確だった原子時計より1000倍精度の高い時計です。

「光格子」という時計の名前は、時間を正確にはかるために重要な「原子のふりこ」を、レーザー光で格子状につくった容器につかまえているからです。300億年という時間の長さは、今の宇宙の年齢の2倍以上です。これだけの時間がたっても、この時計は1秒しかくるわないのです。

とてつもない精度ですね。この高性能な光格子時計によって理論物理学者アインシュタインの一般相対性理論※を検証することができました。

地球の重力は地面からの高さによってかわるので、光格子時計を2つの場所におき、そのわずかな時間の進み方のちがいから、2つの場所の高低差を知ることができるのです。時計なのに場所の高さがはかれるなんてびっくりですね。

※一般相対性理論…重力が時間の流れる速さに影響をあたえることによって時間の流れはかわるというもの。

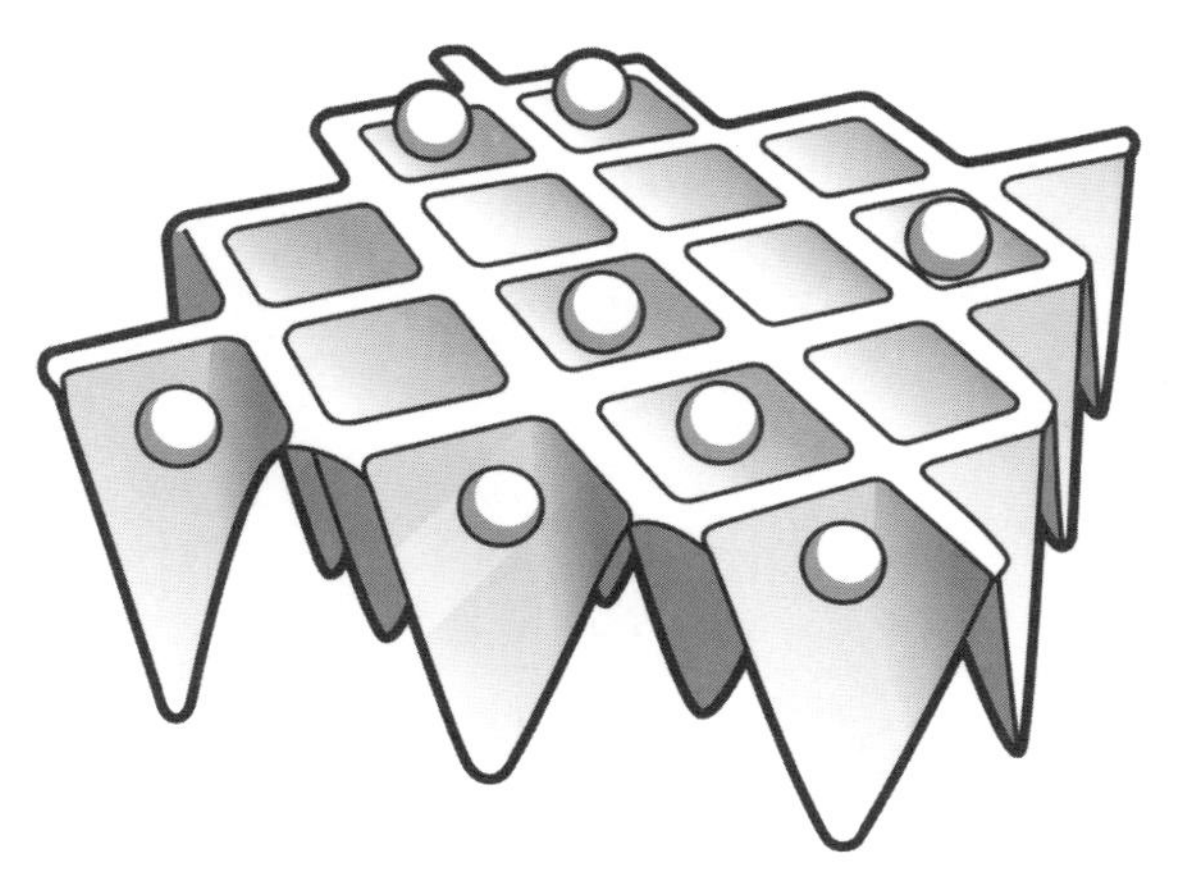

光格子時計は、レーザー光でつくった卵パックのような入れ物（光格子）の中にストロンチウムの原子（物質をつくる最も小さい粒子）をたくさん入れて、その振動数から正確な時間をはかる。

Science

## 東京スカイツリー®の展望台は

# 地上より時間が速く進む

山など標高が高い場所では、低い場所より地球の重力の影響が小さくなります。東京スカイツリーの展望台は地上から450メートルの高さがあるので重力の影響は地上より小さくなります。

アインシュタインの一般相対性理論によると、重力の影響が大きいところでは時間の流れがおそくなるので、高い場所にある東京スカイツリーの展望台は、低い場所の地上より時間が速く進むことになります。

東京大学と理化学研究所の研究チームが東京スカイツリー

展望台と地上に光格子時計（88ページ）を設置して時間をはかったところ、展望台のほうが1日当たり4・26ナノ秒（ナノは10億分の1）時計が速く進むことがわかったそうです。

光格子時計を使えば火山活動による地殻変動や地震を引きおこすプレートのひずみを監視できるようになります。そのほか、地中に大きな質量の物質があると、そこだけ重力が大きくなるので、鉱物資源をさがせます。このようにさまざまな利用方法の可能性があるのです。

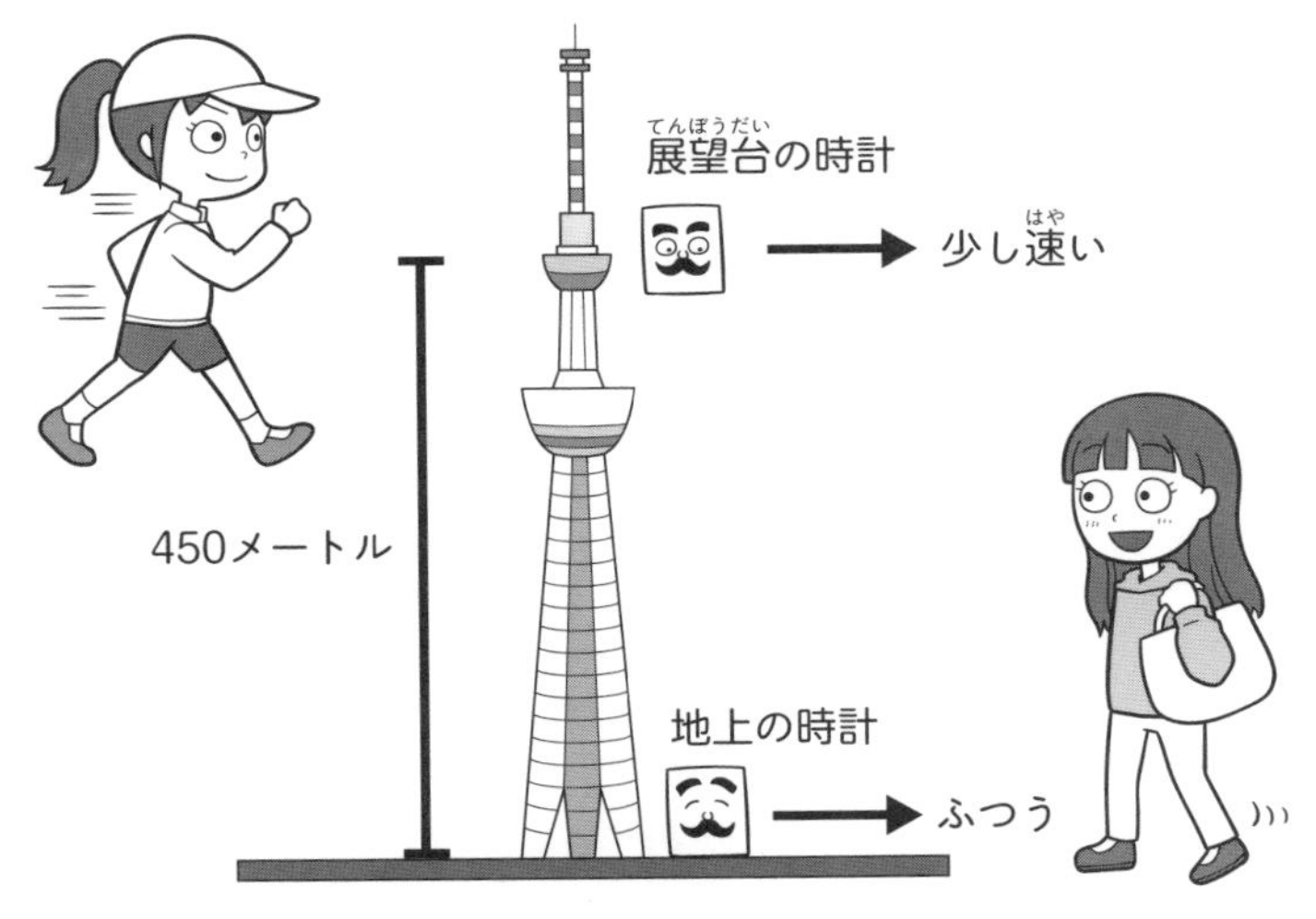

放射線の種類はいろいろ!? 止めるには、紙1枚ですむものから

# 厚いかべが必要なものもある

放射線には高速で飛ぶ粒子のアルファ線・ベータ線・中性子線と、波として伝わるガンマ線・エックス線などがあります。高いエネルギーをもつため、物を通りぬけます。放射線はたくさんあびると害がありますが、さえぎる方法もあるのでその性質を活用することができるのです。

ガンマ線やエックス線は日光や電波と同じ電磁波です。鉄や鉛の厚い板でさえぎれます。ガンマ線は医療器具の消毒、エックス線はレントゲン撮影などに利用されています。

アルファ線は、粒子が大きく物を通りぬける力が弱い放射

線です。紙1枚で止まりますが、粒子が大きいので、止まった場所で出すエネルギーも大きいです。

ベータ線はアルファ線や中性子線より小さい粒子です。うすい金属板や厚さ1センチメートルのプラスチックの板で止めることができます。

中性子線はいちばん物を通りぬけやすく、止めるには水やコンクリートの厚いかべが必要です。エックス線では見えない厚い鉄の中を見ることができます。また止まったところでエネルギーを出す性質があり、体の中の悪い部分だけをピンポイントでなおす医療に使われています。

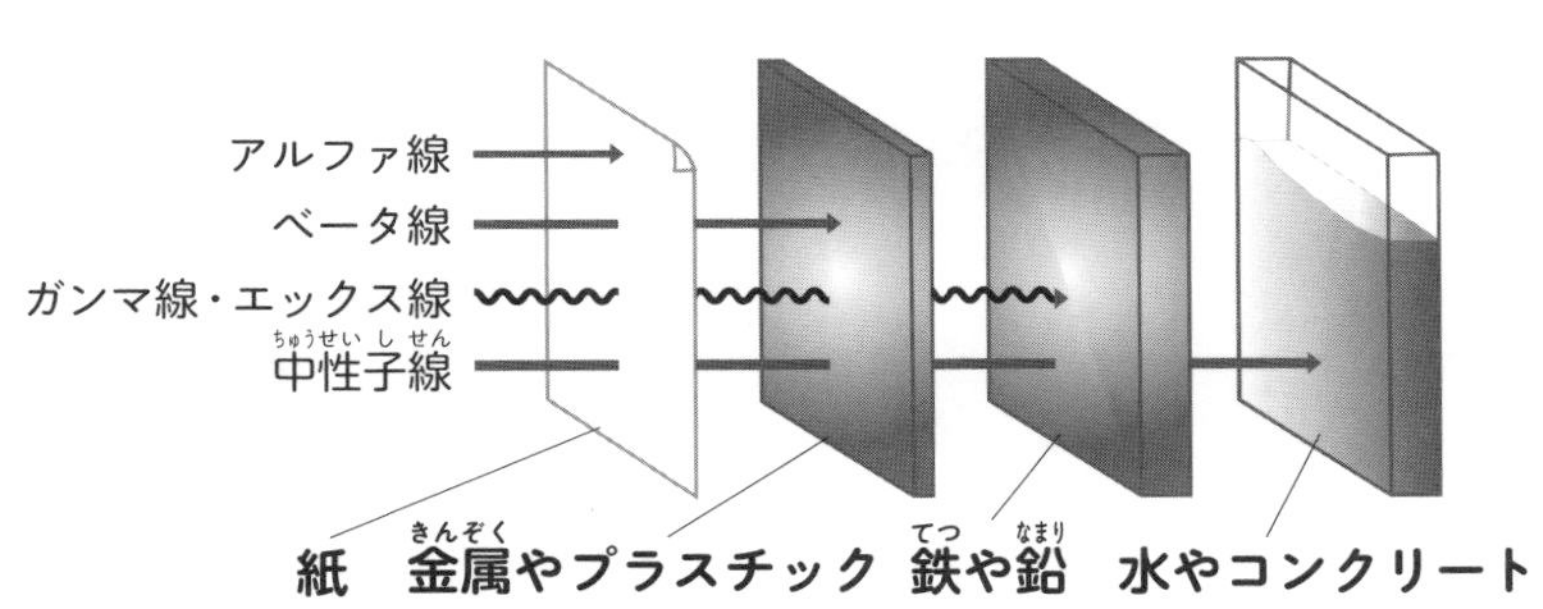


放射線は、さえぎる物質の種類や厚さに差がある。便利に使うためには、取りあつかいに注意が必要。

## 自然界の基本の力は

# 重力・電磁気力・弱い力・強い力！

重力と電磁気力は、わたしたちが目で見ることのできる大きさではたらく力です。

「重力」は木からリンゴが落ちたり、地球が太陽のまわりを回ったりするときにはたらく力で、4つの力の中ではいちばん弱い力です。しかし無限に遠いところまではたらきます。

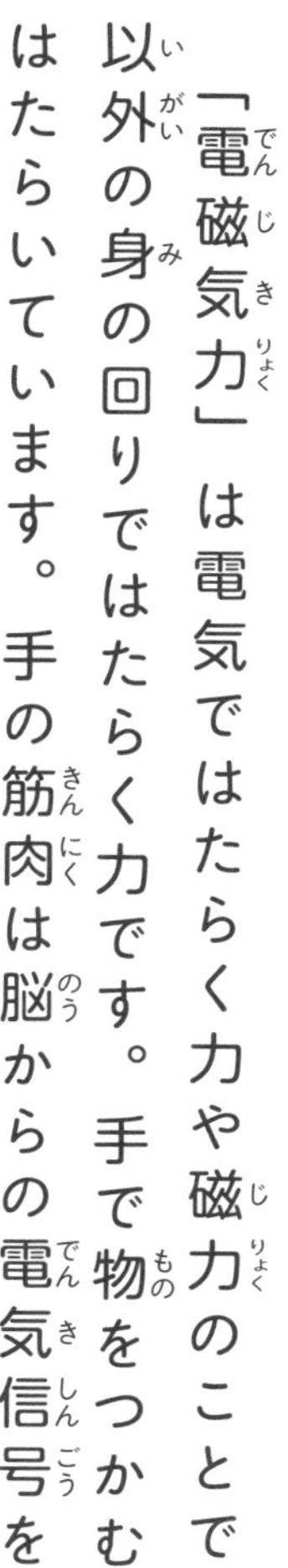

「電磁気力」は電気ではたらく力や磁力のことです。重力以外の身の回りではたらく力です。手で物をつかむときにもはたらいています。手の筋肉は脳からの電気信号を受けて動

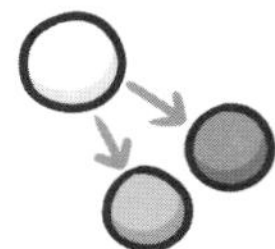

き、つかんだという感覚は手と物のあいだで電気の同じ極どうしが反発する力によるものです。「弱い力」は粒子※を別の種類の粒子にかえる力のことで、「強い力」は粒子どうしをくっつける力のことです。電磁気力と比べて力が弱いか強いかという力の大きさが名前の由来です。自然界はこのたった4つの力を基本にしてつくられているのです。とてもふしぎな感じがしますね。

※粒子…人間もふくめ、自然界にあるすべての物のもとになっている小さな粒。

4つの力の大きさは、重力 < 弱い力 < 電磁気力 < 強い力の順。

# ウソ？ ホント？ クイズ

## 1

プラスチックの
小さいカプセルが
入っている洗剤がある。
ウソ？　ホント？

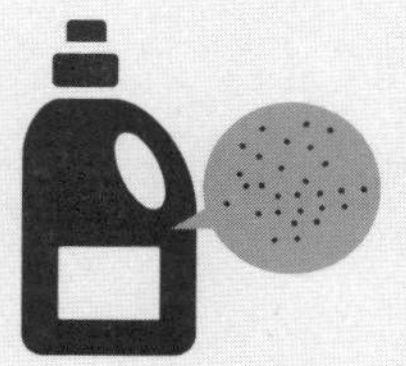

## 2

富山県には
「ダイナマイト街道」
という道路がある。
ウソ？　ホント？

## 3

東京タワーには
飛行機の台数をしらべる
ための機械がある。
ウソ？　ホント？

## 4

パリのエッフェル塔は
夏と冬では高さがちがう。
ウソ？　ホント？

答えは 127 ページ

# 偉人？ 奇人？ 科学者

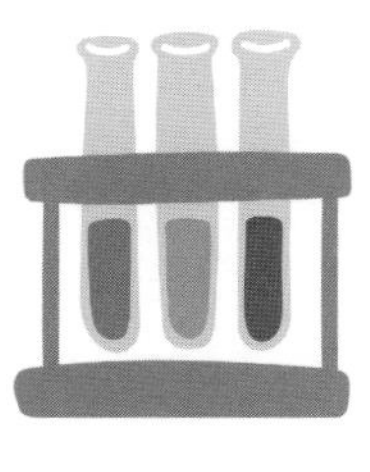

Science

## 天才物理学者のアインシュタインは

# 日本人に命を救われたことがある

アルベルト・アインシュタインは、光電効果や相対性理論で知られる、ドイツ出身の理論物理学者です。1921年にノーベル物理学賞を受賞し、20世紀最高の科学者ともいわれています。この偉大な人物は、日本人に命を救われたことがあります。

1922年、アインシュタインは日本の出版社から招待を受けて日本へ向かう船の旅をしていました。インド洋を航行中にアインシュタインは、はげしい腹痛やはき気におそわれました。当時、暑い地方で旅行者がかかる病気は命

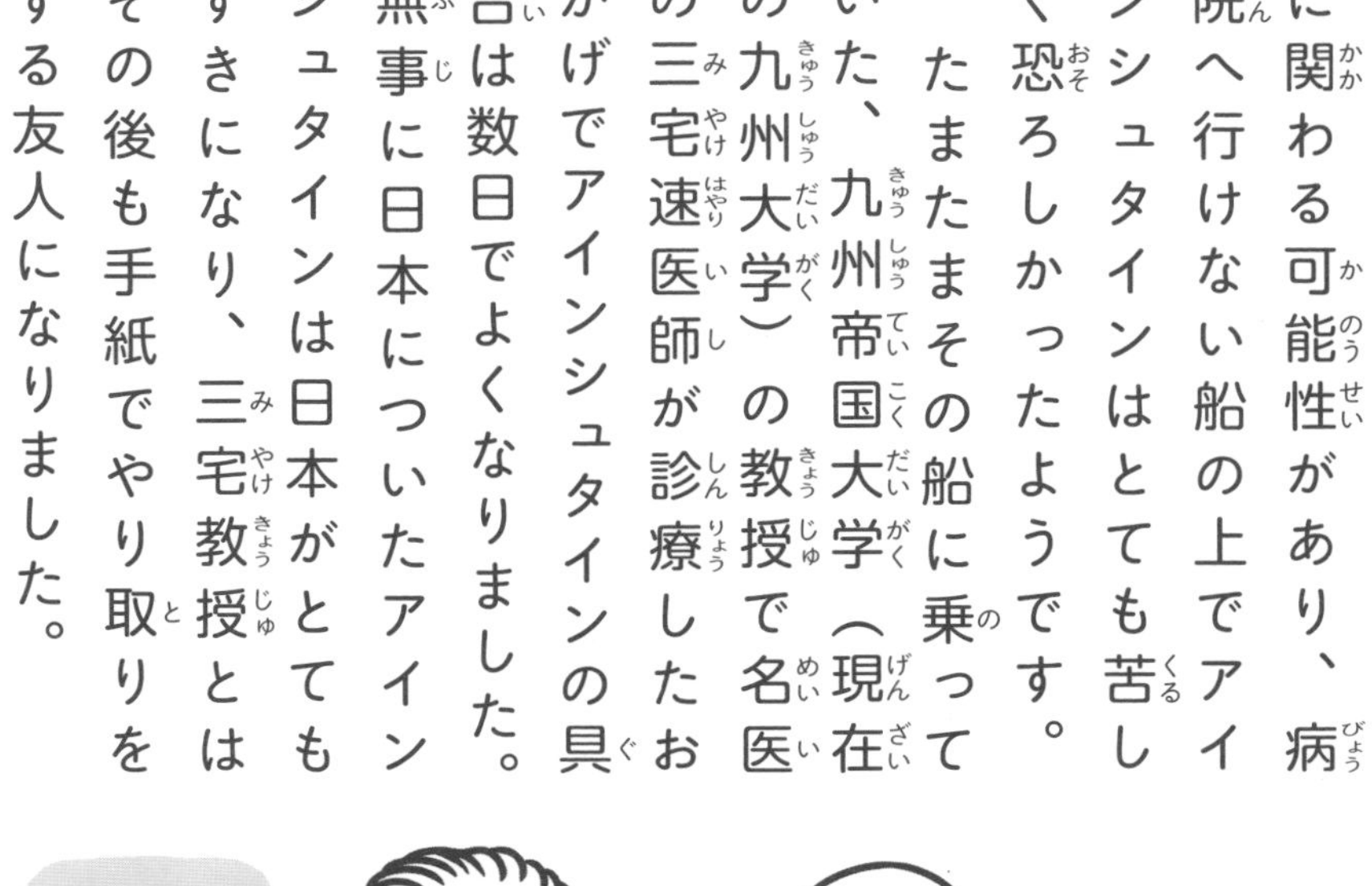

に関わる可能性があり、病院へ行けない船の上でアインシュタインはとても苦しく恐ろしかったようです。

たまたまその船に乗っていた、九州帝国大学（現在の九州大学）の教授で名医の三宅速医師が診療したおかげでアインシュタインの具合は数日でよくなりました。無事に日本についたアインシュタインは日本がとてもすきになり、三宅教授とはその後も手紙でやり取りをする友人になりました。

徳島県美馬市の光泉寺境内にある三宅教授の墓碑には、友人の死を悲しんだアインシュタイン自筆の追悼文がきざまれ、「アインシュタイン友情の碑」と呼ばれている。

Science

## 天才パスカルは 父親に数学を禁止されていた!?

ブレーズ・パスカルはフランスの哲学者で物理学、数学、神学など、とにかくたくさんの分野でその天才的才能を発揮した人物です。「人間は考える葦である」という言葉が有名ですが、天気予報で聞くことがある「ヘクトパスカル(hPa)」という気圧の単位もパスカルが気圧と高さの関係を発見したことからきています。そんなパスカルにはとても教育熱心な父エティエンヌがいました。

エティエンヌは、当時のフランスの一流科学者たちを家にまねき親しくしていました。ひんぱんに出入りする彼らからパスカルは知識を吸収し、ときには自分の意見を言うこともありました。しかしエティエンヌは、息子の学びの順番を考え、数学は外国語を学んだあとのほうがよいと家中の数学の本をかくし、数学を勉強することを禁じました。ところがパスカルは本をかくされても自分の力で三角形の内角の和が180度であることを証明し、エティエンヌをおどろかせ、数学を学ぶことをゆるされたのです。

わたしが証明したもので
有名なのは「パスカルの原理」です。
いずれみなさんも学ぶことでしょう！

キュリー夫人は
女性初のノーベル賞受賞者で

# はじめて2つのノーベル賞を受賞した人

キュリー夫人（マリー・キュリー）は、夫のピエール・キュリーと共同で放射能の研究をおこない、1903年にノーベル物理学賞を受賞しました。夫のピエールを交通事故で亡くしたあとも研究をつづけ、1911年にはノーベル化学賞を受賞しています。

ノーベル賞を女性で受賞したのも、2回受賞したのもキュリー夫人がはじめてです。

キュリー夫人の研究はその後の放射能の研究を大きく発展させ、彼女の功績は多方面へ影響をおよぼしています。

女性が科学の分野でかつやくできるようになったのは最近のことです。キュリー夫人のあとにつづくような若い女性科学者のかつやくを応援するために、日本では2021年に「羽ばたく女性研究者賞（マリア・スクウォドフスカ＝キュリー賞）」という賞ができました。

わたしはポーランド出身。もとの名前はマリア・サロメア・スクウォドフスカよ。フランスの大学に行ったときマリアからフランスふうのマリーにかえて、その後、夫と結婚してマリー・キュリーになったの。

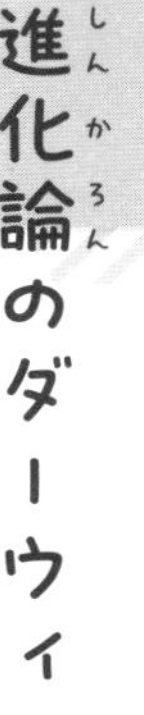

## 進化論のダーウィンは

# 母親の実家が有名ブランドだった

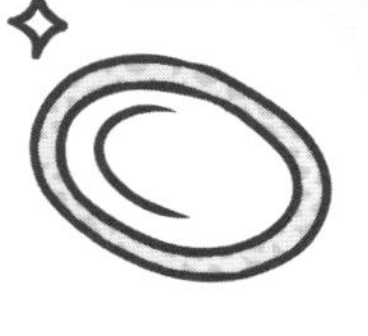

著書『種の起源』で生物の進化について書いたチャールズ・ダーウィンは、イギリスの地質学者で生物学者です。ダーウィンの「生物は環境に合っているものが生き残ることで長い時間をかけて進化した」という考えは、今も支持されています。

ダーウィンの父親は有名な医師で、母親は陶磁器メーカー「ウェッジウッド」の創業者の娘でした。裕福な家に生まれ、十分な資産があるためにダーウィンははたらかなくてもくらしていけたので、研究に集中することができま

した。進化論を考えるきっかけとなった世界一周の船旅も費用はすべて父親が出してくれました。

その後ダーウィンはウェッジウッドの一族のエマ・ウェッジウッドという女性と結婚しました。結婚によってさらに研究のための資金をもらうことができ、その資金を貯金や投資で増やして、イギリスでも有数のお金持ちだったといわれています。

わたしは子どものころ、生き物にばかり興味をもっていたこともあり、父から落ちこぼれのレッテルをはられていたんですよ。

Science

実験が苦手な物理学者パウリは

# さわっていないのに機械をこわす

ヴォルフガング・パウリはオーストリア生まれのスイスの物理学者です。量子力学という分野でかつやくし、アインシュタインの推薦で1945年にノーベル物理学賞を受賞した優秀な人ですが、こまったことがありました。

パウリは実験が苦手でよく機械をこわしてしまったのです。ただ不器用だというだけでなく、さわったり、近づいたりしただけでこわれることさえあったそうです。そのため友だちの物理学者はパウリを自分の実験室に入れたがりませんでした。物理学者たちは、パウリがいると機械がなぜかこわれることを「パウリ効果」と名づけました。

ある日、ドイツのゲッティンゲンの研究所で高価な測定機械がこわれたとき、研究所の所長はさすがに今回はパウリと関係ないと思いました。しかし機械がこわれたその時間に電車で旅行中のパウリがゲッティンゲンの駅にいたことがわかりました。偶然にしてもすごいですね。

# へんてこ名前クイズ

## 1

化学兵器にも使用される危険な物質の名前は1～3のどれ？

1. ヤバイ
2. タブン
3. ヘブン

## 2

ほんとうにある色素の名前は1～3のどれ？

1. セブン
2. ファミマ
3. ローソン

## 3

ほんとうにある化学物質の名前は1～3のどれ？

1. シクロアワオドリン
2. ロクシアオウドリ
3. テンサイボクリン

## 4

ほんとうにある薬の名前は1～3のどれ？

1. ダイジョウブ
2. アンタブス
3. オイシイヨ

答えは 127 ページ

# 宇宙(うちゅう)のなぞ

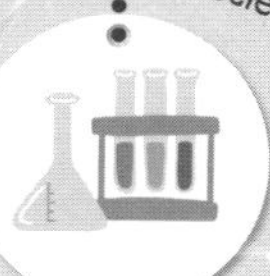


## わたしたちの家に住所があるように

# 地球にも住所がある!?

みなさんは宇宙人がいると思いますか？　宇宙はとても広いので、どこかにいる可能性はゼロではありません。知的生命体と出会って交流ができるようになったら、手紙や荷物のやり取りも夢ではないかもしれません。

そのとき必要なのは住所。地球の住所を考えるのは、大きな宇宙の構造を知ることと、わたしたちの住む地球がその中でどこにあるかという、とても大きな視点をもつことにつながります。いっしょに考えてみましょう。

宇宙には800億以上の銀河があるといわれています。

そのうちの１つである天の川銀河の小さな渦状腕※「オリオン腕」にある太陽系がわたしたちの住む地球がある場所。わたしたちは、銀河の中心部からはなれた郊外の静かな場所でくらしているといえるでしょう。ですから住所は「ラニアケア超銀河団、おとめ座超銀河団、おとめ座銀河団、局所銀河群、天の川銀河、オリオン腕、太陽系、惑星地球」と書くことができます。

**天の川銀河の想像図**

※天の川銀河は、渦巻の構造をもつ銀河。銀河の中心部分からのびて渦巻を構成している渦を渦状腕という。その渦状腕の１つが「オリオン腕」。

Science

## 土星の環は

# 1億年後になくなってしまう

土星は太陽系の中でいちばん目立つ環をもつ惑星です。土星探査機カッシーニの観測から土星の環の大部分がとてもきれいな氷でできていることがわかりました。このことは、土星の環が比較的新しいことをしめしています。なぜなら、もし長い年月がたっていたとしたら宇宙にただようちりでもっとよごれているはずだからです。

そしてこの氷の環をつくる氷の粒は、1秒間に何トンも土星へ向かって雨のようにふりそそいでいることもわかりました。計算によると土星の環はあと1億年もしないうちにになくなってしまうということです。

わたしたちにとって1億年は長い時間ですが、誕生してからおよそ46億年の土星にとっては短い時間です。環がある時代の土星を見ることができるのはとても幸運なことですね。

美しい環をもつ土星。地球が約764個もおさまるほどの大きさがある。

Science

## 太陽が酸素のない宇宙で燃えつづけているのは

# 実は燃えていないから

物が燃えるには酸素が必要ですが、宇宙空間に酸素はほとんどありません。つまり太陽はろうそくや、たきぎのように燃えているわけではないのです。

太陽の中心では「核融合」という現象がおこっていて、この核融合のエネルギーが太陽の表面まで伝わり、表面から熱と光として宇宙空間に放出されます。それが、わたしたちの目には太陽が燃えているように見えているのです。

太陽はほとんどが水素とヘリウムでできた巨大なガスの玉です。太陽の核融合は水素がはげしくぶつかり合うことでおきます。ぶつかり合った水素はヘリウムにかわり、このときとても大きなエネルギーが発生します。

水素が少なくなって核融合が弱まると、太陽は地球を飲みこむくらい大きな赤い星になり、その後、燃えかすのような小さな白い星になるという説があります。そうなるのは50億年後といわれていますから、ずっと先の未来のことです。安心してください。

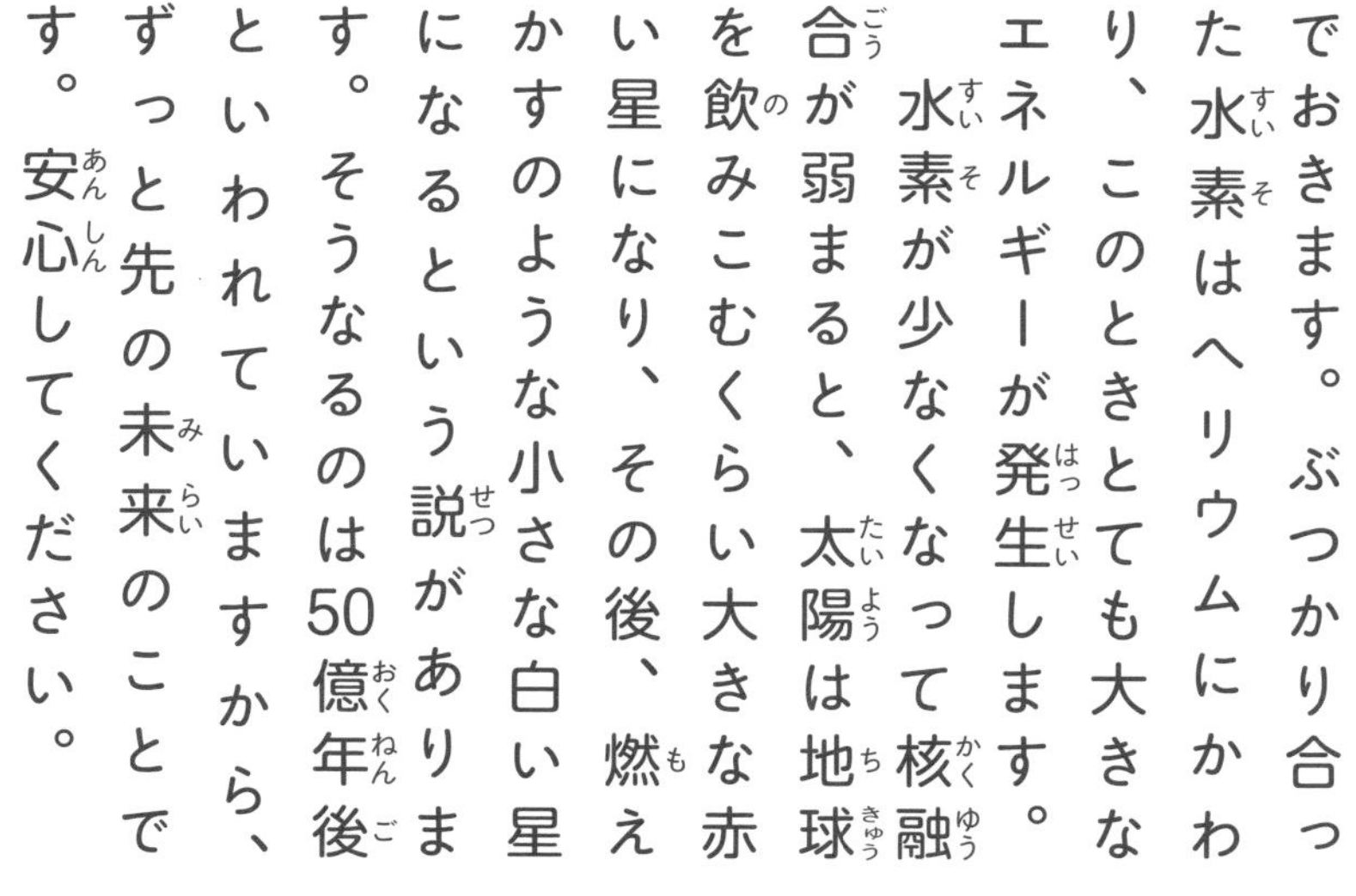

## 太陽にいちばん近い恒星のそばには

# 水があるかもしれない惑星がある

恒星は自分で光を出す星のことで、太陽も恒星の1つです。夜空にかがやいて見える星はほとんどが恒星です。

太陽に最も近い恒星として知られるプロキシマ・ケンタウリは、太陽から光の速さで4年ほどかかる場所にあります。

2016年、プロキシマ・ケンタウリのまわりを回る惑星「プロキシマ・ケンタウリb」が発見されました。液体の水が存在でき、生命体が活動しやすい範囲「ハビタブルゾーン」を回っている可能性がある惑星です。同じころ理論物理学者のホーキング博士などが探査機を開発・探査する計画を発表しました。計画を実現するための技術開発に20年という期間と、1兆円ほどの資金が必要といわれています。

その後の研究で、プロキシマ・ケンタウリbの環境は生命が存在するにはきびしいという説も出てきました。しかし、ハビタブルゾーンに存在する可能性のある惑星はほかにも次々にみつかっています。

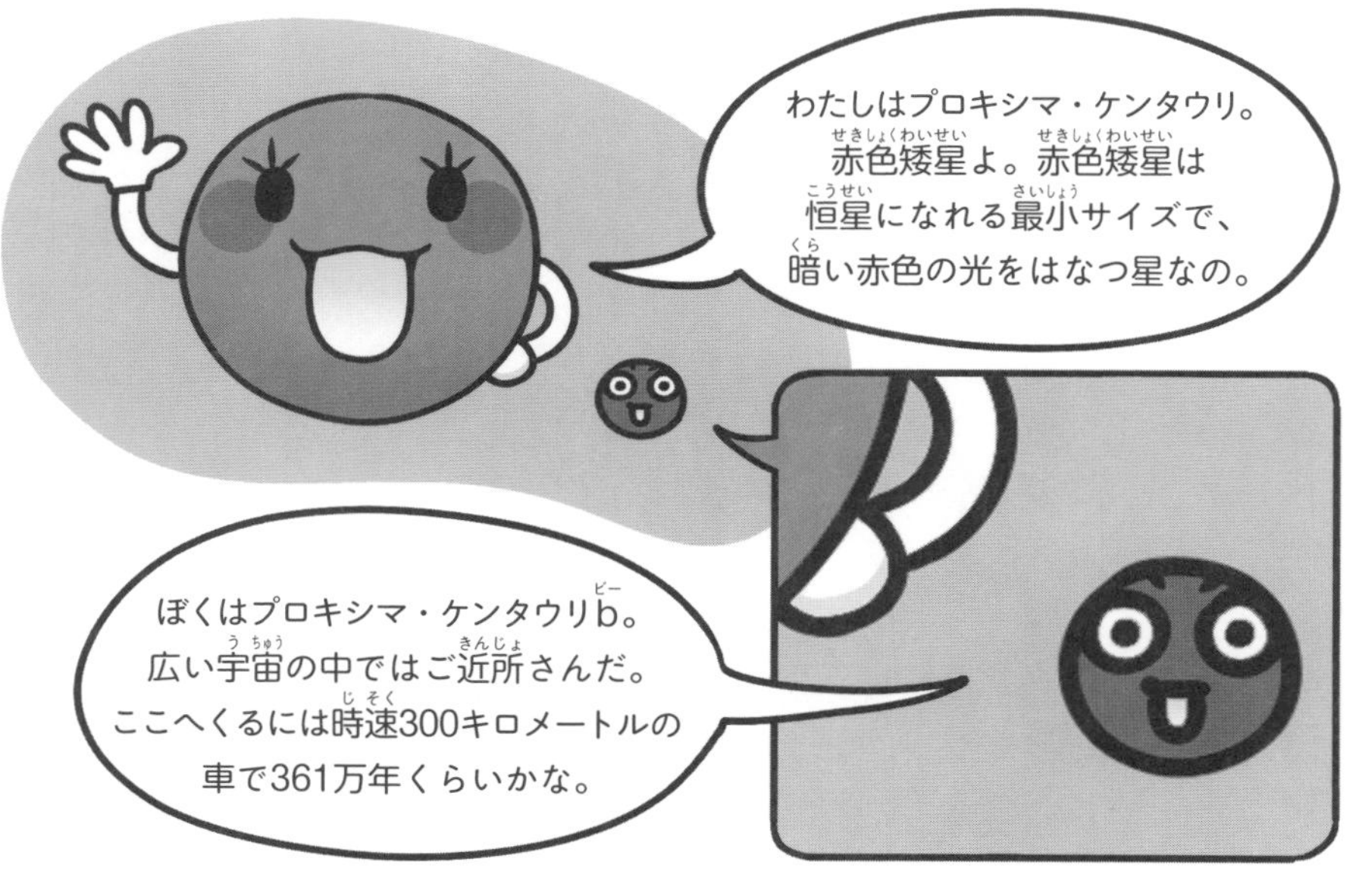

いちばん遠くまで旅する宇宙探査機は
1977年に打ち上げられた

# ボイジャー1号

ボイジャー1号は、双子の探査機ボイジャー2号とともに木星より外側にある太陽系の惑星の探査のために打ち上げられました。2023年の時点で地球からおよそ238億キロメートルはなれ、さらに遠くへと旅をつづけています。人類が打ち上げた中で最も遠い場所にある探査機がボイジャー1号なら、ボイジャー2号は天王星と海王星に接近し探査した唯一の探査機です。

この2機のボイジャーは5年間活動できるようにつくられましたが、2023年の今もデータを地球へ送りつづけ

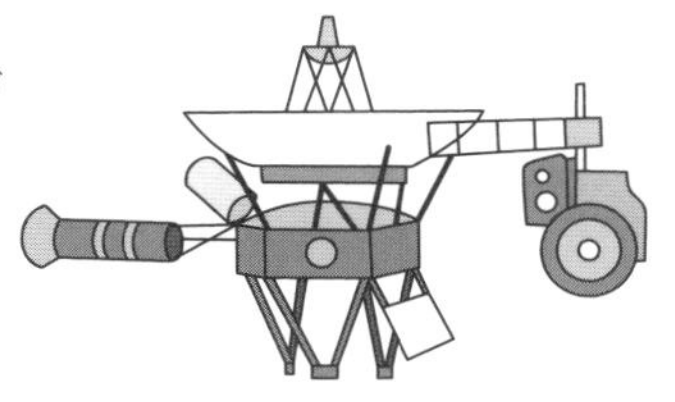

ています。ボイジャーが太陽系で発見した天体の数は、今後どの探査機もおよばないだろうといわれています。

ボイジャーには音や画像が記録された金色のレコード（ゴールデンレコード）がのせられています。宇宙のどこかに存在するかもしれない宇宙人に向けて地球や人類の文化の存在を伝えようというものです。

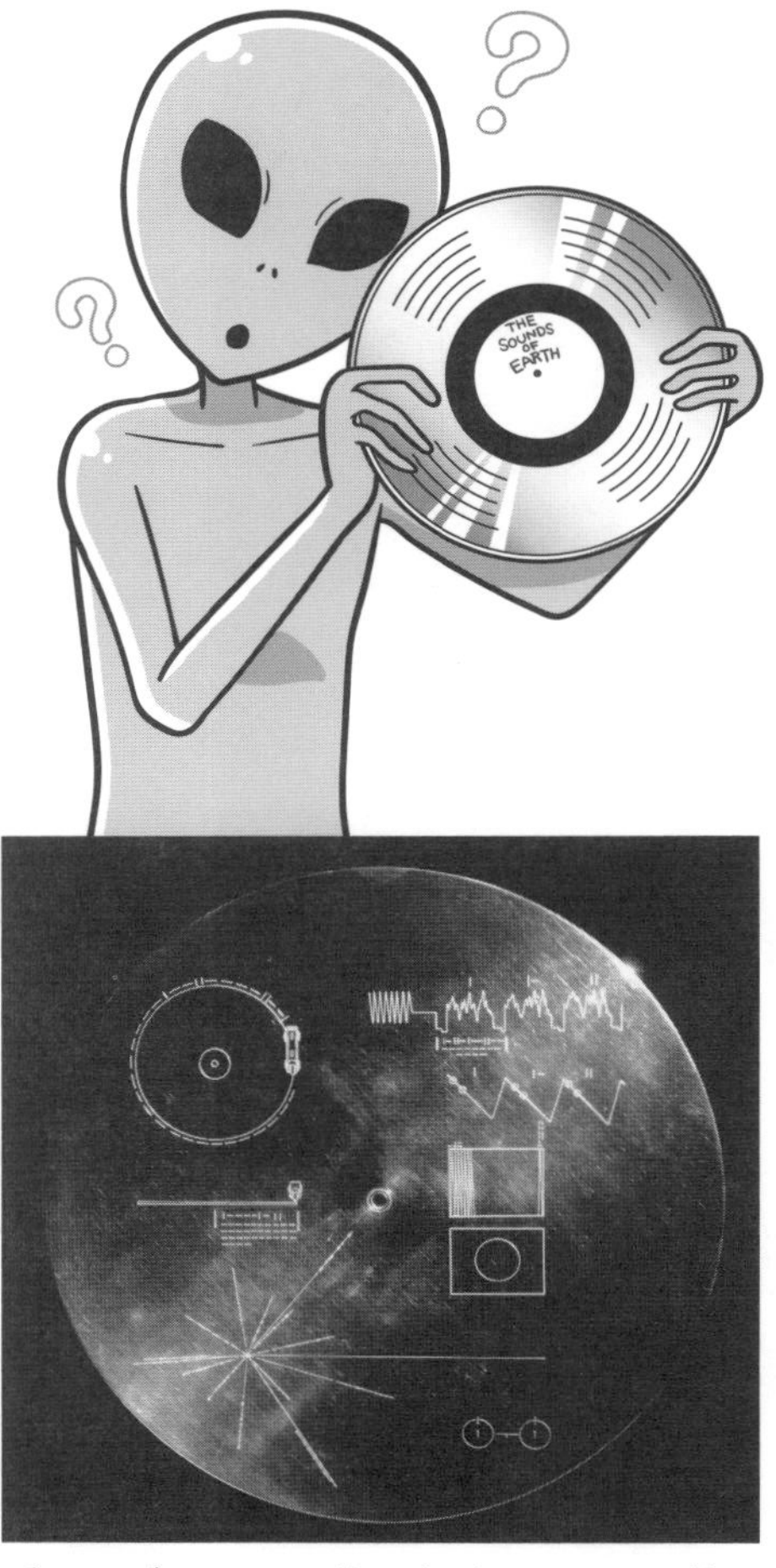

ゴールデンレコードのカバー。レコードの再生に役立つ情報などがきざまれている。

## 宇宙からの落下物

# 隕石でつくられた日本刀がある

隕石には鉄隕石といって鉄を多くふくむものがあります。鉄隕石は衝突などで破壊された天体の中心の部分が飛びちったものだと考えられています。この鉄隕石を使った刀剣は世界各地にみられ、エジプトのツタンカーメン王の墓からも隕石でつくられた短剣がみつかっています。

日本にも隕石からつくられた刀剣があります。その名も「流星刀」。1890(明治23)年ごろに、富山県で発見された鉄隕石からつくられました。発見された当時、ただの鉄のかたまりだと思われていたそうです。その後、あらためてしらべたところ鉄隕石だとわかり「白萩隕鉄」と名づけられました。

流星刀をつくったのは刀工（日本刀の職人）の岡吉国宗。榎本武揚という外交官から依頼され、長刀2振、短刀3振、合わせて5振の日本刀を製作。長刀の1つは当時の皇太子（後の大正天皇）に献上されました。現在、長刀1振が東京農業大学、短刀1振が北海道小樽市の龍宮神社、短刀1振が富山市科学博物館に保管され、残りの1振は……行方不明だそうです。

わたしは榎本武揚。
外交官として滞在したロシアで、皇帝から隕石でつくった剣を見せてもらって、いつか自分もほしいと思ったんです！

Science

生命がいるかもしれない

# 木星と土星の氷衛星

衛星は惑星のまわりを回る星で、月も衛星の1つです。太陽から遠い木星の先にある惑星の衛星は表面が氷でおおわれていて氷衛星と呼ばれます。宇宙探査機によっていくつかの氷衛星の氷の下には海（内部海）があり、生命体がいるかもしれないと考えられるようになりました。

内部海があると予想されているのは、木星の衛星であるエウロパ、ガニメデ、カリスト、土星の衛星であるエンケラドスとタイタンです。これらの衛星の中でエウロパとエンケラドスが注目されています。

エウロパの内部海には地球と同じくらいの酸素がふくまれている可能性があり、エンケラドスは内部海の海底に熱い水が噴出する孔「熱水噴出孔」があると考えられています。これらの環境は生命体が生まれて生きていくために必要な条件です。

さらなる探査によって生命体の発見が期待されます。今後が楽しみですね。

Science

## 宇宙一の巨大な星は

# はくちょう座V1489!?

宇宙でいちばん大きな星は、実はわかっていません。それは、わたしたちが広い宇宙の星のすべてを観測できているわけではないからです。でも観測できた星の中でいちばん大きな星ならわかります。はくちょう座V1489という星です。

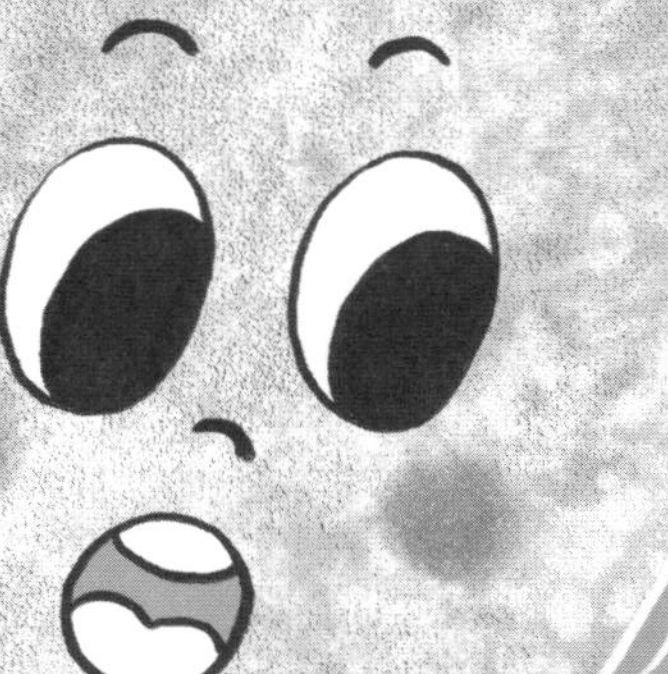

はくちょう座V１４８９は、赤い大きな星（赤色超巨星）で、１９６５年に天文学者のゲリー・ノイゲバウアーらが発見しました。地球からは約５２５０光年はなれています。その直径は約23億キロメートルで、太陽を１６５０個ならべたくらいの長さです。仮に太陽と同じ場所にはくちょう座V１４８９をおいたとすると、木星と土星のあいだまでがすっぽり飲みこまれてしまうほどです。

遠くにある星の実際の大きさは、明るさやその星までの距離、星の色などを観測して推定します。しかしこの計算は誤差が大きいのです。つい最近までいちばん大きいとされていた星が、思ったより近くにあることがわかり、いちばんではなくなりました。はくちょう座V１４８９は現在、値が正確だと判断されている中でいちばん大きな星というわけです。

# わたしたちは 過去を見ている

物が見えるのは、その物（光源）が出した光や、反射した光が目に入るからです。光は1秒間に地球を７周半も回るほど速いので、ふだんの生活で目に入る景色や身の回りの物の光はすぐに目にとどき、ほぼ現在のすがたを確認することができます。しかし、宇宙ほどの大きさになるとそうはいきません。例えば太陽と地球のあいだの距離は、光の速さで約8分もかかるので、わたしたちは約8分前の過去の太陽の光を見ています。また、星が一生を終えるとき、爆発してはげしい光を出すことがあります。光りかがやくきれいな星だと思って見ている星は、もしかしたら、何千～何億年前にすでに爆発してなくなった過去の星ということもあります。目に見えているのに、すでにない過去の星かもしれない……ちょっと切ないですね。

# クイズの答え

## 生き物クイズ（66ページ）

① 1 オスは首が長い。長いほうがメスにもてる。

② 3 ニシローランドゴリラの学名。Gorilla（属名）gorilla（種小名）gorilla（亜種小名）。

③ 1 2 ブタもネコも生後2〜3日で自分のおっぱいを決める。

④ 1 2 3 タコとトカゲはとれたところが再生するが、リスは再生しない。

## ウソ？ホント？クイズ（96ページ）

① ホント 目に見えないほど小さなプラスチックのカプセルには香料がとじこめられている。

② ウソ 富山県にあるのは「ぶり・ノーベル出世街道」。

③ ウソ 大気汚染をしらべるための測定器がある。

④ ホント 鉄は、熱せられると膨張するので夏はわずかに高くなる。

## へんてこ名前クイズ（108ページ）

① 2 ドイツで開発された神経ガス。

② 3 染色に使われるオレンジ系の色素。

③ 1 名前にあるように「阿波踊り」に由来。

④ 2 アルコール依存症の症状を治療する薬。


### 主な参考文献

『万有百科大事典 15 化学』『万有百科大事典 16 物理 数学』（小学館）
『講談社の動く図鑑 MOVE 危険生物 新訂版』（講談社）
『地球のふしぎ 366』（きずな出版）
気象庁ウェブサイト
JAMSTEC（国立研究開発法人 海洋研究開発機構）ウェブサイト
海上保安庁ウェブサイト
理科年表オフィシャルサイト（大学共同利用機関法人 自然科学研究機構 国立天文台）
サイエンスポータル（国立研究開発法人 科学技術振興機構）
Encyclopaedia Britannica Online

編集・制作　株式会社 アルバ
執筆　大西光代
デザイン・DTP　株式会社 明昌堂
イラスト　赤澤英子
川崎悟司（p66）
馬場真帆
ひとだまこ
校正・校閲　株式会社 ぷれす

教科別　びっくり！オモシロ雑学

# そうなの!? 理科 3

2024年1月31日　第1刷発行

編　理科オモシロ雑学研究会
発行者　小松崎敬子
発行所　株式会社 岩崎書店
〒112-0005
東京都文京区水道1-9-2
電話　03-3812-9131（営業）
03-3813-5526（編集）
振替　00170-5-96822
印刷　三美印刷 株式会社
製本　株式会社 若林製本工場

NDC 914
ISBN 978-4-265-09168-3

Published by IWASAKI Publishing Co., Ltd. Printed in Japan
ご意見ご感想をお寄せください。
E-mail　info@iwasakishoten.co.jp
岩崎書店ホームページ　https://www.iwasakishoten.co.jp
落丁本・乱丁本は小社負担にておとりかえします。